취업 준비생 및 비즈니스맨을 위한

OK!

직장인
일본어

다락원

SHAKAIJIN NO NIHONGO © HARUO YAMAMOTO 2017

Originally published in Japan in 2017 by CROSSMEDIA PUBLISHING CO., LTD., TOKYO

Korean translation rights arranged with CROSSMEDIA PUBLISHING CO., LTD., TOKYO

through TOHAN CORPORATION, TOKYO, and Eric Yang Agency, Inc., SEOUL

시 작 하 는 말 》》》

여러분은 영화관에서 외국 영화를 볼 때 자막판과 더빙판이 있다면 어느 쪽을 선택하시나요?

"배우들의 실제 목소리를 듣고 싶으니 당연히 자막판이지!"라고 생각한다면, 당신은 이미 소수파일지도 모릅니다.

요즘의 일본 젊은 세대는 더빙판을 더 선호한다고 하네요.

그 이유로 '자막을 빨리 못 읽겠다'라고 대답한 사람이 많다고 하더군요.

그야 물론 읽기 어려운 한지나 잘 모르는 단어가 나오면, 그걸 신경 쓰는 사이 다음 장면으로 화면이 넘어가 버리니 더빙판이 훨씬 더 화면에 집중할 수 있을 테죠. 그 마음도 충분히 이해합니다.

하지만 이런 일본의 젊은 세대가 사회인이 되어 회사라는 세계에 뛰어들면 가장 처음 부딪히게 되는 것이 바로 '말의 장벽'이 아닐까 합니다.

비즈니스의 세계는 독특하고도 다양한 말이 오가는 곳입니다.

지금까지는 못 읽었거나 몰라도 괜찮았던 말까지 모르면 곤란해지는 상황에 처하게 되죠.

이 책은 일본에서 처음으로 회사라는 사회에 발을 내디딘 사회 초년생, 그리고 이미 회사 생활을 하고 계신 경력자까지 업무상 매일 반드시 접하게 되는 한자를 비롯해, 이제 와서 차마 물어보기 민망한 외래어와 관용구 표현 등 '이 정도는 알고 있어야 회사 생활이 편할 것'이라는 생각에서 기획한 책입니다.

어려운 학술서도, 무언가를 깨닫게 해주는 자기계발서도 아닙니다.

우수한 능력과 기술을 갖춘 후배가 매일 당연하게 쓰던 '말' 때문에 곤란한 상황에 처하는 일이 없도록 선배가 전하는 가벼운 조언이라 생각해 주세요.

그럼, 끝까지 꼼꼼하게 읽어 주시면 고맙겠습니다.

야마모토 하루오(山本晴男)

제2장 거래처에 절대 보내면 안 되는 이메일 표현

제3장 회의 전에 미리 알아 두면 좋은 가타카나 표현

제4장 **미처 그런 의미인 줄 몰랐던 회사 용어**

번외편 곧이곧대로 받아들이면 안 되는 회사 언어의 속뜻

제1장

일본인도 헷갈리는
한자 단어

한자 읽는 법을 모르면 문서 작성을 제대로 할 수 없겠죠?
직장인이 가장 먼저 알아야 하는 건 바로 한자를 '읽는 법'.
사람들이 가장 많이 틀리는 28개의
어려운 한자 단어부터 시작하겠습니다.

彼は、入庁3年で出納係に配属された。

かれ　　　　にゅうちょう　　　　ねん
はい　ぞく

그는 청사에 들어간 지 3년차에 출납계로 배정받았다.

×　しゅつのうがかり　　○　すいとうがかり

出納(출납)는 '돈이나 물품을 내어 주거나 받아들이는 일'입니다.

出(날 출)를 'すい'라고 읽고 納(바칠 납)을 'とう'라고 읽는 경우는 굉장히 드물어서, 出納는 드물게 읽는 경우끼리 만난 단어라 할 수 있습니다.

보통 컴퓨터에 'しゅつのう'라고 치면 出納로 변환은 됩니다. 하지만 같은 한자를 'しゅつのう'라고 읽으면 '헤이안 시대에 물품을 내주거나 받는 일을 했던 관리'를 가리키고, 무엇보다 현대 회사에선 전혀 쓰이지 않는 말입니다.

出納는 'すいとう'라고 읽는다는 것만 기억하세요.

当社の給与は、年俸制です。

とう しゃ　きゅう よ

우리 회사의 급여 제도는 연봉제입니다.

✕ ねんぼうせい　○ ねんぽうせい

年俸(연봉)을 'ねんぼう'라고 잘못 읽는 사람이 놀랄 정도로 많습니다.

俸(녹 봉)라는 한자가 木(나무 목)이 부수인 棒(몽둥이 봉)와 비슷하게 생겨서일까요?

人(사람 인)이 부수인 俸(녹 봉)는 俸給(봉급)에서 알 수 있듯이, 'ぽう'가 아니라 'ほう'라고 읽습니다.

하지만 원래 'ほう'라고 읽더라도 바로 앞에 'ん'이 오는 오는 경우에는 本邦(일본), 漢方(한방), 憲法(헌법)처럼 발음이 'ぽう'로 변하는 경우도 많습니다.

일본 민진당 렌호(蓮舫) 전 대표의 이름은 앞에 'ん'이 와도 'ぽう'가 아니라 'ほう'라고 읽지만, 年俸만큼은 'ねんぽう'라고 읽는다는 사실을 꼭 기억합시다.

稟議書を作って承認を得る。

품의서를 작성해 승인을 받다.

✕ しんぎしょ　〇 りんぎしょ・ひんぎしょ

稟議(품의)는 회의를 하지 않고 서류로만 작성해 그것을 관계자에게 돌려 승인을 받는 것을 말합니다. 입사한 지 얼마 안 된 신입 사원이 품의서를 작성하는 경우는 거의 없지만, 읽는 법만큼은 기억해 두는 것이 좋습니다. 審議(심의)와 헷갈리는 경우가 많이 있거든요

稟(줄 품)이라는 한자는 '여쭈다, 아뢰다'라는 뜻입니다.

사실 稟議는 원래 'ひんぎ'라고 읽는 게 맞고, 'りんぎ'는 관용적으로만 쓰였다고 합니다. 하지만 지금은 컴퓨터에서 'ひんぎ'라고 입력해도 한자 자동 변환이 되지 않는 경우가 많다고 하네요.

稟議를 올바르게 읽을 수 있으면 사회인 합격입니다.

最近、為替レートの変動が大きい。

최근 환율 변동이 크다.

✕ ためかえ　〇 かわせ

為替는 주로 은행 창구에서 자주 접하는 단어인데, 현금 대신 수표나 어음으로 금전 거래를 하는 방식을 말합니다.

한 글자씩 따로 읽지 않고, 為替라고 두 글자를 합쳐 읽습니다. **이렇게 관용적으로 읽는 방식을 '숙자훈(熟字訓)', 또는 글자를 빌려 왔다 해서 '취음자(当て字)' 라고 부릅니다.** 為替는 '替わりを為す(변환을 하다)'라는 말에서 온 것이라는 설이 있습니다.

참고로 外国為替(외화 환전)의 줄임말인 外為는 '가이い'가 아니라 '가이ため' 라고 읽으니, 특히 금융 업계 종사자라면 상식으로 알아 두면 좋을 것입니다.

社会保険料が控除される。
しゃ かい ほ けん りょう　　　　こうじょ

사회 보험료가 공제된다.

✕ くうじょ　○ こうじょ

매달 급여명세서에 반드시 나오는 단어죠? **控除(공제)는 일정한 금액이나 수량**
こうじょ
을 '뺀다'는 뜻으로, 공제액이 20만 원이라면 총 급여에서 그만큼 차감한 급여를
받게 됩니다.

控(당길 공)의 오른쪽에 있는 空(빌 공)라는 한자 때문인지 控除라는 단어는 월급
こう　　　　　　　　　　くう　　　　　　　　　　　　　　　　　　　　　　　こうじょ
날마다 괜스레 空しさ(공허함)를 느끼게 하네요.
むな
부수는 다르지만 腔(빈속 강) 또한 'こう'라고 읽고 口腔(구강)라는 단어에도 쓰입
こう　　　　　　　　　　　　　　　　　こうこう
니다. 그런데 특이하게도 의학계, 특히 치의학계에서는 이 단어를 'こうくう'라고
읽는다고 합니다. 치과와 같은 계열인 口腔外科(구강외과) 역시 'こうくうげか'라
고 읽는다는 것을 기억하세요.

販売店の粗利は、いくら
あるんだ？

はん ばい てん

판매점의 총 이익은 얼마지?

✕ そり　〇 あらり

粗利(총 이익)는 결산 용어 중 하나입니다. 매출액에서 매출 원가를 뺀 금액을 말

あら り

하며, 일반적으로는 '매출 총 이익'을 가리킵니다. 회사의 대략적인 이익 지표라고

할 수 있지요.

粗(거칠 조)는 粗雑(조잡) 또는 粗野(조야)와 같은 단어에 쓰이며, **거칠거나 엉성**

そ　　　　　　　　そ ざつ　　　　　　　　 そ や

하고 조악하다는 뜻을 나타냅니다. 米(쌀 미) 부수가 쓰인 것도 원래는 흩뿌려져

있는 현미를 나타내고 있기 때문입니다. 이 한자를 'あら'라고 읽는 경우가 아주 없

는 건 아닙니다. "あの作家の本はあらかた読んでしまった(그 작가의 책은 거

さっ か　　ほん　　　　　　　　　　よ

의 다 읽었다)"에서 'あらかた'는 한자로 '粗方'라고 쓰기 때문이죠.

歩留まりをよくするのが、
今期の課題だ。

수율 개선이 이번 분기의 과제다.

╳ ふどまり・ほどまり ○ ぶどまり

조금 어려운 단어인데, 歩留まり(수율)는 특히 제조업계에서 자주 쓰이는 단어입니다.

사용한 원료로 생산한 제품의 비율이라는 뜻인데, 100개의 제품을 만들었을 때 20개의 불량품이 나온 경우, '80%의 歩留まり(80%의 수율)'라는 표현을 씁니다. **이 경우 歩(걸을 보)에는 원래의 의미는 없고,** 일본어 특유의 '이익 비율, 사물의 우열'이라는 뜻으로 쓰인답니다.

일반적으로 형세가 불리해지는 일을 '分が悪い'라고 하는데, 이율이 적은 것은 '歩が悪い'라고 말하는 경우도 있습니다.

貸し借りを、相殺する。
かか

대차를 상쇄하다.

✕ そうさつ ○ そうさい

相殺(상쇄)는 차감하여 장부에서 지우는 것을 뜻하는 비즈니스 용어입니다. 쉽
そうさい
게 말하면 'チャラ(없었던 일)'로 하는 것이죠. 殺(죽일 살/감할 쇄)라는 한자는 'さ
つ'라고 읽으면 '죽이다'라는 뜻으로 쓰여 殺害(살해), 暗殺(암살) 등 섬뜩한 단어
        さつがい   あんさつ
에 많이 쓰이지만, '**さい**'라고 읽으면 '**자르다, 줄이다**'라는 뜻이 되어 相殺 말고
                                        そうさい
도 減殺(감쇄)라는 단어도 'さい'라고 읽습니다.
  げんさい

그돈, **相殺**해 주면
안 될까?

역시
チャラ男답네!

※**チャラ**는 '아무것도 없음, 함부로 말함'이라는 뜻으로,
チャラ男는 '언동이 경박한 남자'를 뜻하는 속어입니다. −역자 주

銀行からの借入金でまかなう。
（ぎん）（こう）

은행에서 빌린 차입금으로 충당하다.

✕ しゃくにゅうきん　○ かりいれきん

借入金(차입금)은 기업을 운영하는 과정에서 은행 등 금융 기관에서 빌리는 돈을
（かりいれきん）

가리킵니다. 자주 접하는 借金(대출금)이나 入金(입금)이라는 단어 때문에 나도
（しゃっきん）　　　　　（にゅうきん）

모르게 'しゃくにゅうきん'이라고 읽게 되진 않나요?

매출이나 결산에 관해서 '○○金'이라는 단어는 명확한 이유를 알 수 없으나
（きん）

'○○' 부분을 訓読み(훈독)하는 경우가 많습니다. 売掛金(외상 매출금)과 買掛
　　　　　　（くん よ）　　　　　　　　　　　　　　　　（うりかけきん）　　　　　　　（かいかけ

金(외상 매입금)도 그렇고, 前受金(선수금)이나 引当金(충당금) 등도 마찬가지입
（きん）　　　　　　　　　　　（まえうけきん）　　　　　（ひきあてきん）

니다. 결산서 읽는 방법을 익혀 두는 것도 앞으로의 회사 생활을 위해서 나쁘지 않

을 것 같군요.

当社の製品は、宮内庁の御用達だ。

とう しゃ せい ひん　　く ない ちょう

当社の製品は、宮内庁の御用達だ。

당사의 제품은 궁내청으로 납품되고 있다.

△ ごようたつ　○ ごようたし

御用達는 '궁중이나 궁청에 물품을 납입하는 일 또는 그 일을 하는 사람'을 가리킵니다. **'ごようたし'라고 읽는 게 맞지만**, 컴퓨터에서는 'ごようたつ'라고 입력해도 올바른 한자로 변환할 수는 있습니다.

예전에는 'ごようたつ'라고 읽으면 상사나 거래처 사람에게 지적을 받았지만, 지금은 'ごようたつ'라고 읽어도 완전히 틀렸다고는 볼 수 없게 되었습니다. 'ごようたし'라는 발음이 '用を足す(용변을 보다)'라는 말을 연상시키는 탓에 'ごようたつ'라고 읽는 게 더 예의 바른 표현이라고 생각하는 사람들이 늘어난 탓인지도 모르겠네요.

会社設立の定款をつくる。

かい しゃ せつ りつ てい かん

회사의 정관을 작성하다.

× ていけつ   ○ ていかん

일반 사원들이 접할 기회는 거의 없을 테지만, 定款(정관)은 회사의 조직 및 결산일 등을 정한 규칙을 말합니다.

款(정성 관)이라는 한자는 '한 묶음으로 되어 있는 항목'을 뜻하며, 'かん'이라고 읽습니다. 오른쪽에 欠(이지러질 결) 부수가 있다고 해서 'けつ'라고 읽지 않으니 주의하세요.

또 款에는 'よろこぶ(기뻐하다)'라는 뜻도 있어서, 똑같이 欠가 부수인 '歓(기뻐할 환)'와 동음동의어입니다.

따라서 '정성껏 대접한다'는 뜻의 歓待(환대)를 '款待'라고 써도 틀린 말이 아니랍니다.

仕事の進捗状況を報告する。

しごと　しんちょく　じょうきょう　ほうこく

일의 진척 상황을 보고하다.

× しんしょう　○ しんちょく

捗(칠 척)라는 글자가 交渉(교섭)의 渉(건널 섭)와 비슷하게 생겨서 그런지 **進捗 (진척)를 'しんしょう'라고 잘못 읽는 사람이 많습니다.**

이처럼 부수나 형태가 비슷한 한자를 지레짐작으로 읽는 것을 '百姓読み(백성 읽 기)'라고 부른답니다. 사전에도 엄연히 나와 있는 단어입니다.

바로 앞에서 살펴봤듯이, 定款(정관)을 'ていけつ'라고 읽거나 甦生(소생)를 'こ うせい'로, 垂涎(수연)을 'すいえん'으로 읽는 것 모두 '百姓読み'에 해당합니다.

作業が終わる目処がついた。

작업이 끝날 기미가 보인다.

✕ もくしょ ○ めど

目処는 '목표, 지향하는 곳'이라는 뜻으로, '目処がついた'라고 말하면 '어느 정도 전망이 생겼다'는 뜻입니다.

요즘엔 컴퓨터에 'めど'라고 입력하면, 目処 말고도 目途라는 한자도 나옵니다. **원래 目処는 'めど'라고 읽는 것이 일반적이라 아무 문제가 없지만, 目途는 'もくと'라고 읽는 게 맞고 관용적으로 'めど'라고 읽기도 한다니 좀 헷갈리죠?**

따라서 회사 서류나 문서에서 '목표'라는 말을 사용할 때는, 目処라고 표기하는 것이 무난하겠네요.

部長職を更迭させられた。

ぶ ちょうしょく

부장직에서 경질되었다.

✕ こうそう 〇 こうてつ

更迭(경질)는 특정 직위에 있는 사람을 다른 사람으로 교체하는 것을 말합니다.

현재는 회사보다 정치계에서 더 많이 쓰이는 단어입니다.

迭(번갈아들 질)는 '대신한다'는 뜻의 상용한자인데, 更迭(경질)라는 단어 이외에

는 거의 쓰이지 않습니다.

참고로 迭와 마찬가지로 부수가 失(잃을 실)이고 똑같은 발음으로 읽는 글자 중에

鉄(쇠 철)가 있습니다. 이 한자를 풀어서 쓰면 '金を失う(돈을 잃는다)'라는 뜻이

되기 때문에, 어떤 제철회사는 鉄의 부수를 失(잃을 실) 대신 矢(화살 시)로 바꿔

서 쓰는 회사도 있다고 하네요.

今回は、ずばり直截的なテーマだ。

이번에는 아주 명료한 주제다.

△ ちょくさい   ○ ちょくせつ

直截(직절)는 **'거추장스럽지 않고 간략하다'**는 뜻입니다. 그런데 截(끊을 절)가 載(실을 재) 또는 催(재촉할 최)와 비슷하게 생겨서, 관용적으로 'ちょくさい'라고 읽는 사람이 많은 듯합니다.

이것도 일종의 百姓読み(p.23 참조)라 볼 수 있는데, 요즘엔 컴퓨터에 'ちょくさい'라고 입력하면 올바른 한자로 변환되기 때문에 'ちょくさい'라고 읽는 것이 반드시 틀렸다고 단정할 수 없게 됐답니다.

관용적으로 읽는 법이 더 많이 쓰이는 바람에, 결국엔 올바른 표현을 누르고 시민권을 획득하게 된 예라고 할 수 있겠네요.

上司に顛末書を提出する。

じょう し / てい しゅつ

상사에게 전말서를 제출하다.

✕ しまつしょ ○ てんまつしょ

顛末書(전말서)는 사건의 경위를 처음부터 끝까지 자세히 보고하는 문서로, 顛(꼭대기 전)이라는 한자에는 **정수리, 꼭대기라는 뜻이 있습니다.** 이와 비슷한 문서로 始末書(시말서)가 있습니다. 顛末書가 '사건의 경위를 객관적으로 보고하는 문서'인데 비해 始末書는 '결과에 대한 자신의 실수를 사죄하는 성격이 강한 문서'라서, 약간 차이가 있습니다.

株価が、最高値を更新した。

주가가 최고치를 경신했다.

✕ さいこうち　○ さいたかね

最高値(최고치)는 많은 사람들이 'さいこうち'로 잘못 읽기 때문에 한자 읽기 퀴즈로 출제하면 좋을 듯한 단어입니다. '주식 거래'를 나타내는 '高値'에, 최상급이란 뜻의 最(가장 최)가 붙은 단어라서 **'さいたかね'라고 읽는 것이 정답입니다.** 일상적으로도 자주 쓰이는 最高(최고)라는 말에 偏差値(편차치)나 平均値(평균치)의 値가 붙은 것처럼 보여 자기도 모르게 'さいこうち'라고 읽게 되나 봅니다.

주식 용어에는 終値(종가), 後場(후장), 気配値(매도, 매수 호가)와 같이 특이하게 읽는 단어가 많으니 주의합시다.

先方との約束が、反故になった。

せん ぽう / やく そく

상대방과의 약속이 깨졌다.

✕ はんこ　○ ほご

잘못 읽기 쉬운 단어입니다. 反故(반고)는 '소용없는 물건'이라는 뜻인데, 주로 '約束を反故にされた(약속이 깨졌다)'라는 관용 표현으로 쓰입니다.

이때 反(되돌릴 반)은 **'ほん'으로 읽고, '돌아간다'라는 뜻을 나타내고,** 故(예 고)는 故郷(고향)이라는 단어에서처럼 '원래'라는 뜻으로 쓰였습니다. 그래서 反故는 원래대로 돌아간다는 의미에서, 결국 '무효가 되다, 소용없어지다'라는 뜻으로 쓰이게 되었습니다.

읽는 법도 'ほんこ → ほうご → ほご'로 변화한 것으로 보입니다.

会社の規則を、遵守する。

会社の = かいしゃ / 規則 = きそく

회사의 규칙을 준수하다.

✕ そんしゅ　○ じゅんしゅ

한자에 尊(높을 존)이 들어 있는 탓인지 遵守(준수)를 '그んしゅ'로 잘못 읽는 사람이 참 많습니다.

遵守는 '규칙이나 법률을 지킨다'는 뜻이며, 順守라고 쓰기도 합니다. 여기서 **遵(좇을 준)은 '따르다'는 의미를 나타내고요.**

요즘엔 규칙을 지킨다는 뜻으로 'コンプライアンス(compliance)'라는 외래어를 쓰는 일이 많다고 합니다. "規則を遵守します(규칙을 준수합니다)"라는 표현도 어쩌면 머지않아 없어질지도 모르겠군요.

技術者としての矜持を持ち続ける。

ぎ じゅつ しゃ きょう じ
も つづ

기술자로서의 긍지를 유지하다.

× きんじ ○ きょうじ

TV 드라마에 자주 등장하는 단어죠? 矜持(긍지)는 '자신의 능력을 믿음으로써
가지는 당당함'이라는 뜻입니다.

矜(삼갈 궁)라는 한자 왼쪽에 있는 矛(창 모) 변은 矛盾(모순)이라는 단어에서도
알 수 있듯이, 무기로 사용하는 창을 나타냅니다. 矜는 창의 날을 단단하게 고정했
다는 뜻에서 **자신감이 강하다는 뜻으로 변했답니다.**

矜持를 'きんじ'라고 관용적으로 읽는 경우도 있는데, 矜를 'きん'으로 읽으면 '불
쌍히 여기다'는 뜻이 되어 버리니 주의해야 합니다.

따라서 예문의 경우에는 'きょうじ'라고 읽는 게 맞습니다.

会社の自慢を、云々する。

会社の
かい　しゃ

自慢
じ　まん

회사의 자랑거리를 운운하다.

✕ いい・でんでん　　◯ うんぬん

일본의 아베 총리가 국회 답변 중에 云々(운운)을 그만 'でんでん'이라고 잘못 읽어 화제가 된 적이 있습니다.

이러쿵저러쿵 말하는 것을 云々이라고 합니다. 云(이를 운)은 '말한다'는 뜻인데, 발음을 보면 알 수 있듯이 雲(구름 운)자의 원형입니다.

참고로 々는 어떻게 읽을까요? 물론 'ぬん'은 아닙니다. **'々'은 한자가 아니라 '同の字点'이라고 부르는 기호로, 같은 한자가 반복된다는 뜻입니다.**

읽는 방법이 정해져 있지는 않지만, 컴퓨터에 'どう'라고 치면 됩니다. 시험 삼아 한번 입력해 보세요.

なんとも、杜撰な企画書だ。

참으로 형편없는 기획서다.

✕ とせん・しゃせん　〇 ずさん

杜撰(두찬)은 '틀린 곳이 많음, 엉터리'란 뜻입니다. 자주 듣는 단어지만, 杜는 상용한자가 아니어서 어떻게 쓰는지 모르는 사람이 꽤 많답니다.
杜(팥배나무 두)를 'ず'라고 읽는 것은 한자를 읽는 방식 중 하나인 呉音(오음)입니다.
과거 중국에 杜黙(두묵)라는 시인이 있었는데, 시를 짓는 규칙을 지키지 않고 자기 마음대로 지었다는 고사에서 杜撰이라는 단어가 생겨났다고 합니다. 참고로 杜는 일본에서만 독자적으로 'もり(숲)'라는 의미로도 쓰고 있어서, 미야기 현 센다이 시는 '杜の都(숲의 도시)'라고 널리 알려져 있습니다.

ついに、部長の逆鱗に触れた。

결국 부장님의 노여움을 샀다.

✕ ぎゃくりん　○ げきりん

'逆鱗に触れる'는 주로 '윗사람의 노여움을 사는 일'을 뜻합니다.
逆(거스를 역)를 'げき'라고 읽는 것은 **한자를 읽는 방식 중 漢音(한음)입니다.** 逆
鱗(역린) 외에 '여관이나 숙박업소'를 가리키는 逆旅(역려)라는 단어가 있을 뿐,
'げき'라고 읽는 용례는 아주 적습니다.
逆鱗(역린)은 원래 '용의 턱 아래에 난 비늘'을 말합니다. 중국에는 그 비늘을 건드
리면 용이 크게 노하여 건드린 사람을 죽인다는 고사가 있습니다. 그래서 '윗사람
의 노여움을 사는 일'을 '逆鱗に触れる'라고 빗대어 말하게 되었나 봅니다.

上司の意向を、忖度する。

じょう し　　　　い こう

상사의 의향을 헤아리다.

✕ すんど　○ そんたく

忖度(촌탁)의 度(헤아릴 탁)에는 '길이 등을 재다, 측정하다'라는 뜻이 있습니다.
忖은 寸(마디 촌)과 心(마음 심)이 합쳐져 상대의 기분을 미루어 짐작한다는 뜻을
나타냅니다. **다시 말해, 忖度는 상대의 기분이 어떤지 헤아리는 것을 뜻합니다.**
본래는 '말없이 마음으로 상대방을 배려한다'라는 훈훈한 뜻이었지만, 최근에는
일본 정치계에서 많이 쓰이는 바람에 부정적인 이미지가 생겨 버렸답니다.

※최근 일본에서 官邸忖度人事가 문제가 되었는데, 총리가 직접
지명하지 않아도 총리의 의향을 미루어 짐작해 총리가 선호하는
쪽으로 인사를 단행하는 것을 말합니다. -역자 주

当社の業績は、まさに
とう しゃ　　ぎょう せき

順風満帆だ。

우리 회사의 업적은 실로 순풍에 돛을 달았다.

✕ じゅんぷうまんぽ　　〇 じゅんぷうまんぱん

順風満帆(순풍만항)은 만사가 순조롭게 진행되는 것을 뜻합니다. 順風(순풍)는 '배가 나아가는 방향으로 부는 바람'을 가리키고, 満帆(만항)은 '그 바람을 받아 돛이 활짝 펼쳐지는 것'입니다.

연배가 좀 있는 상사조차 満帆을 'まんぽ'라고 잘못 읽는 경우가 많습니다. 帆(돛 범)을 音読み(음독)하기가 어려운 데다, 마침 돛을 뜻하는 훈독이 'ほ'이기 때문에 그런 것 같습니다.

아니면 漫歩(만보, 특별한 목적지 없이 어슬렁어슬렁 걷는 걸음)나 万歩計(만보계) 같은 단어가 익숙한 탓일지도 모르고요.

仕事一途に、がんばってきた。

한 가지 일에 열심히 매진해 왔다.

× しごといっと 　○ しごといちず

최근 젊은 사원들은 이 말을 별로 쓰지 않는 것 같지요.

一途(いちず)는 '**한 가지 일에 몰두하는 것**'을 가리킵니다. 途(길 도)를 'ず'라고 발음하는 용례는 상당히 적어, 죽은 사람이 건넌다는 '三途の川(さんず かわ)(삼도천)' 말고는 이런 식으로 읽는 경우를 본 적이 없습니다.

仕事一途(しごといちず)를 나도 모르게 'しごといっと'라고 잘못 읽게 되는 건, 一途(いっと)가 자주 쓰이는 단어이기 때문이죠. 이렇게 읽을 경우에는 '한 가지 길, 같은 방침'이라는 뜻이 된답니다.

예문으로는 '発展の一途をたどる(はってん いっと)(발전일로를 걷다)' 또는 '悪化の一途をたどる(あっか いっと)(악화일로를 걷다)' 등이 있습니다.

ウチの社長は、団塊世代だ。

우리 회사 사장님은 베이비 붐 세대다.

✕ だんこんせだい ○ だんかいせだい

団塊世代는 1947년부터 1949년까지 **'일본의 제1차 베이비 붐 시기에 태어난 세대'를 가리키는데**, 작가 사카이야 다이치(堺屋太一)가 만든 조어입니다.

団塊의 塊(흙덩이 괴)가 たましい(영혼)를 나타내는 魂(넋 혼)과 비슷하게 생겨서인지, 団塊를 'だんこん'이라 읽는 사람이 가끔 있습니다.

저 역시 과거에 거래처와의 회의 당시 여성 부장이 나란히 앉아 있는 남성 직원을 향해 "あなた達は皆、だんこんの世代ですね(그쪽은 모두 だんこん 世代로군요)"라고 말실수를 한 일을 지금까지도 선명하게 기억하고 있습니다. 적어도 이 단어는 남성 앞에서는 절대 잘못 읽으면 안 되는 단어라는 생각을 했답니다. 왜냐하면 男根(남근)과 발음이 같거든요.

過去最高の<ruby>経常利益<rt>けいじょうりえき</rt></ruby>を<ruby>記録<rt>きろく</rt></ruby>した。

<ruby>過去最高<rt>かこさいこう</rt></ruby>

과거 최고의 경상 이익을 기록했다.

○ けいじょうりえき　○ けいつねりえき

회사의 이익 지표 가운데 가장 중요한 것은 바로 経常利益(경상 이익)입니다. 経常는 항상 일정 상태가 지속된다는 의미로서, 경영 평가 시 경영자가 가장 신경을 쓰는 이익 수치입니다.

일반적으로는 'けいじょうりえき'라고 말하지만, 計上利益(계상 이익)과 헷갈리지 않도록 **일부러 'けいつねりえき'라고 읽기도 합니다.** 化学(화학)를 科学(과학)와 구별하기 위해서 'ばけがく'라고 읽는 것과 마찬가지입니다.

상사가 'けいつねりえき'라고 읽는다면 결산서를 잘 아는 사람이 틀림없답니다.

회사의 이름, 틀리면 실례겠죠?

거래처의 회사명을 잘못 읽는 건 상당한 결례입니다.

도쿄 증권 거래소의 1부 상장 기업 가운데 읽기 어려운 회사 이름을 몇 군데 추려 보았습니다. 여러분은 다음 회사명을 올바르게 읽을 수 있을까요?

日本碍子(にほんがいし)

현재는 '日本ガイシ'라고 표기하지만, 정식 상호는 '日本碍子'입니다.

碍子는 송전용 세라믹을 가리킵니다. 硝子(유리)와 혼동하기 쉬우니 주의하세요.

日本曹達(にほんそーだ)

도쿄에 본사가 있는 화학 회사입니다. '日曹'라는 약칭이 있습니다. 曹達는 소다 (soda), 탄산나트륨을 일상적으로 이르는 말입니다. 'そうたつ'라고 읽지 않도록 주의하세요.

矢作建設工業(やはぎけんせつこうぎょう)

아이치 현에 본사가 있는 종합 건설 회사입니다. 矢作는 '矢を矧ぐ(화살을 만들다)'란 뜻의 한자 矧(하물며 신)가 作(지을 작)로 변한 것이라고 합니다.

日本甜菜製糖(にっぽんてんさいせいとう)

도쿄에 본사가 있는 종합 식품 기업입니다. 甜菜(첨채)는 설탕의 원료가 되는 '비트(beet), 사탕무'를 가리킵니다. 'かんさい'라고 잘못 읽기 쉬우니 주의하세요.

呉工業(くれこうぎょう)

일본에서는 방수용품인 'KURE 5-56'로 많이 알려진 화학 제품 제조 회사입니다. 히로시마 현 呉市(구레 시)를 'ごし'라고 잘못 읽는 사람이 많다며 한탄하더군요…….

日本冶金工業(にっぽんやきんこうぎょう)

도쿄에 본사가 있는 스테인레스 제조 기업으로, 冶金(야금)은 광석에서 금속을 추출하는 것을 말합니다. 'じきん' 또는 'ちきん'이라고 잘못 읽지 않도록 주의합시다.

제2장

거래처에
절대 보내면 안 되는
이메일 표현

아무리 메일을 자주 쓰는 사람이라도
비즈니스 메일을 보낼 때는 언제나 조심스럽기 마련입니다.
게다가 메일을 받는 상대가 거래처라면
지켜야 할 규칙도 여러 가지랍니다.

差出人：鈴木　一郎　　suzuki@○○○○.co.jp
宛先：yoshida@○○○○.co.jp

○○株式会社　吉田部長様

お世話になっております。

本日は大変お忙しい中、貴重なお時間を
おとりくださいまして、ありがとうございました。

先ほどの打ち合わせの内容をまとめた資料を
お送りしますので、ご確認のほど
よろしくお願いいたします。

==============================
鈴木　一郎
(株)○○○○○○　　　　第二営業本部

☞ 존경어를 너무 남발하면 역효과?

部長には 様를 붙이지 않는다

部長(부장)나 課長(과장) 같은 직함은 그 자체가 존칭이기 때문에, 거기에 또 様를 붙이면 '二重敬語(이중경어)'가 되므로 적절한 표현이 아닙니다.

이 경우에는 ○○株式会社 ○○部 部長 吉田様라고 쓰는 것이 가장 올바른 방식입니다. 마찬가지로 '관계자 여러분'을 뜻하는 各位(각위)를 쓸 때도 그 자체가 존칭이므로 '各位様'라고 쓰면 안 됩니다.

참고로, 'おっしゃる(말씀하시다)'에 존경을 나타내는 조동사 '-れる, -られる'를 붙인 'おっしゃられる'라는 표현도 자주 보이는데, 이것 역시 이중경어이므로 좋은 표현이 아니랍니다.

樣를 붙인다고
다 좋은 게 아니야!
상사를
'貴樣'라고
부르다니!!

※貴樣는 '너' '네놈' 등 상대방을 낮춰 부르는 말입니다. -역자 주

번역

발신인 : 스즈키 이치로
        suzuki@○○○○.co.jp
수취인 : yoshida@○○○○.co.jp

○○ 주식회사 요시다 부장님께

안녕하세요.

오늘은 매우 바쁜 와중에 귀중한 시간을 내어 주셔서 감사드립니다.

조금 전 회의 내용을 정리한 자료를 보내 드리오니, 확인 부탁드립니다.

=======================================

스즈키 이치로
㈜○○○○○○ 제2영업본부

差出人：河合　明　kawai@○○○○.co.jp
宛先：tanaka@○○○○.co.jp

○○株式会社　田中様

お世話になっております。

次回の打ち合わせについて
ご連絡を差し上げます。
来週、6月13日（水）午後3時に
御社に伺いたいと思いますので、
何とぞ、ご調整のほど、お願い申し上げます。

==============================
河合　明
(株)○○○○○○　食品事業開発部

☞ 전화 통화 시에는 아무 문제가 없는 표현입니다.

이메일에선 御社라는 표현은 사용하지 않는다?

상대방의 회사를 지칭할 때는 御社일까요, 貴社일까요?

일반적으로 전화 통화처럼 말로 하는 경우에는 御社, **메일처럼 글로 쓰는 경우에는 貴社**라고 사용하는 것이 맞습니다.

표현을 구분해 사용하는 이유는 貴社에 동음이의어(記者, 汽車, 帰社)가 많아서, 말할 때 어떤 'きしゃ'를 가리키는지 알기 어렵기 때문입니다. 그래서 말할 때에는 御社를 쓰고, 글을 쓸 때에는 貴社를 씁니다.

동음이의어를 피하려면 글로 쓸 때에도 御社를 사용해도 문제없을 것 같지만, 말할 때는 御社, 글로 쓸 때는 貴社를 쓴다고 관용적으로 정해져 있답니다.

번역

발신인: 가와이 아키라 kawai@○○○○.co.jp
수신인: tanaka@○○○○.co.jp

○○주식회사 다나카 님께

안녕하세요.

다음 회의에 대해서
연락을 드립니다.
다음 주 6월 13일(수요일) 오후 3시에
귀사를 방문할까 하므로
아무쪼록 일정 조정 잘 부탁드립니다.

================================

가와이 아키라
(주)○○○○○○ 식품사업개발부

差出人：山本　二郎　yamamoto@○○.co.jp
宛先：koyama@○○○○.co.jp

○○株式会社　小山様

いつもお世話になります。

ご連絡ありがとうございました。
打ち合わせ日時変更の件、了解しました。
では、3月15日（金）14：00に
貴社にお伺いいたしますので、
よろしくお願い申し上げます。

==============================
山本　二郎
○○○○株式会社　企画開発部

☞ 거래처에 사용해선 안 되는 말은?

거래처에 了解しました라는 표현은 적절하지 않다

메일에서는 'わかりました(알았습니다)'라는 의미로 자주 쓰이는 말인데, **了解에는 상대방에 대한 존경의 의미가 들어 있지 않아** 윗사람이나 거래처를 대상으로 '了解です', '了解しました'란 표현을 사용하는 건 적절하지 않습니다.

'打ち合わせ日時変更の件、承知しました' 또는 'かしこまりました'라는 표현을 쓰거나 좀 더 정중한 표현을 쓰고 싶을 때에는 '承りました'라는 표현을 쓰는 것이 일반적입니다.

참고로 동료나 사내의 친한 사람에게는 了解를 사용해도 문제없습니다.

조금 번거롭기는 해도 상대방에 따라 사용법을 구분하도록 합시다.

번역

발신인: 야마모토 지로 yamamoto@○○.co.jp
수신인: koyama@○○○○.co.jp

○○주식회사 고야마 님께

안녕하세요.

연락 주셔서 감사드립니다.
회의 일시 변경의 건에 대해선 잘 알았습니다.
그렇다면 3월 15일(금요일) 14:00에
귀사를 방문하겠으니
잘 부탁드립니다.

========================

야마모토 지로
○○○○주식회사　기획개발부

差出人：中村　清　nakamura@○○○○.co.jp
宛先：shimizu@○○○○.co.jp

○○株式会社　営業部　部長　清水様

お世話様です。

先ほどご連絡いただいたお見積もりの件ですが、
できる限りご要望にお応えできるよう、
弊社内でも検討したうえで、
今週中にはご返事したいと思いますので、
何とぞ、よろしくお願い申し上げます。

==============================
中村　清
○○○○株式会社　購買管理部

☞ 견적 내용이 원인은 아닌 것 같은데…….

お世話様는 노고를 치하한다는 뜻이 된다

거래처 부장이 이 메일을 받고 기분이 언짢았던 것은 메일 첫머리에 나온 'お世話様です(수고 많으십니다)'라는 인삿말 때문입니다. お世話様는 상대방에게 감사의 뜻을 나타내는 말이긴 해도 ご苦労様와 마찬가지로 **수고, 노고를 칭찬하는 표현이므로** 동료나 부하한테는 쓸 수 있어도, 거래처나 회사의 상사에게 쓰면 버릇없다는 인상을 줄 수 있습니다. 전화와는 달리 감사의 기분을 상대에게 전달하기 어려운 메일에서는 되도록 'お世話様'는 사용하지 말고 'お世話になっております'를 사용하도록 합시다.

大きな
お世話になって
おります!
(수고 많으셨어요!)

자네, 내일부터
나오지 말게.

번역

발신인: 나카무라 기요시
　　　　nakamura@○○○○.co.jp
수신인: shimizu@○○○○.co.jp

○○주식회사 영업부 시미즈 부장님께

수고 많으십니다.

조금 전에 연락 받은 견적 건에 대해서는
최대한 희망하시는 요구 사항에 맞춰
드릴 수 있도록
폐사 내에서도 검토한 후에
이번 주 중으로 답변을 드리겠으니
아무쪼록 잘 부탁드리는 바입니다.

====================================
나카무라 기요시
○○○○주식회사 구매관리부

差出人：森　一雄　mori@○○○○.co.jp
宛先：inoue@○○○○.co.jp

○○株式会社　井上様

いつもお世話になります。
本日は新スローガンの企画書をお送りくださり、
ありがとうございました。
さっそく拝見させていただきます。
今週中には、ご返事いたしますので、
よろしくお願い申し上げます。

==============================
森　一雄
(株)○○○○○○　広報宣伝部

☞ 얼핏 보면 전혀 문제가 없어 보이지만,
겸양어를 과도하게 사용하면 상대방을 도리어 불쾌하게 만듭니다.

拝見<ruby>はい<rt>はい</rt></ruby>見<ruby>けん<rt>けん</rt></ruby>させていただきます도
이중경어 표현이다

'拝見する'는 見る의 겸양어이고, 'させていただく'도 겸양어이기 때문에 '拝見させていただく'는 二重敬語(이중경어)가 되어 버립니다. 앞서 말했던 部長様가 존경어의 이중경어였다면, 이 경우는 **겸양어의 이중경어가 됩니다.**

지나치게 정중한 말투는 도리어 상대방을 불쾌하게 만드는 경우도 있으므로, 여기서는 '拝見します'라고만 써도 충분합니다. 마찬가지로 '찾아뵙겠습니다'라고 표현하고 싶을 때에 'お伺いさせていただきます'라는 말 역시 일상생활에서 많이 쓰이기 때문에 딱히 거부감을 못 느끼는 사람도 많지만, 'お伺いします', 'お伺いいたします'가 올바른 표현입니다.

번역

발신인: 모리 가즈오 mori@○○○○.co.jp
수신인: inoue@○○○○.co.jp

○○주식회사 이노우에 님께

안녕하세요.
오늘은 새로운 슬로건 기획서를 보내 주셔서
감사했습니다.
바로 살펴보겠습니다.
이번 주 중에는 답변을 드리겠사오니
잘 부탁드립니다.

================================
모리 가즈오
㈜○○○○○○ 홍보선전부

差出人：斎藤　実　saito@○○○○.co.jp
宛先：yamada@○○○○.co.jp

○○株式会社　山田様

いつもお世話になります。

先ほどは○○商事の
吉永様をご紹介いただきまして、
ありがとうございました。
さっそく吉永様にも本件企画の趣旨をご説明し、
大変、喜んでいただきました。

取り急ぎ、お礼申し上げます。

＝＝＝＝＝＝＝＝＝＝＝＝＝＝＝＝
斎藤　実
○○○○株式会社　プロダクトデザイン部

☞ 감사 인사에 적절하지 않은 단어를 찾아내셨나요?

감사 인사를 하는 경우에
取り急ぎ는 쓰지 않는다

상대방에게 일단 알려야 할 사항이 있을 때에 '取り急ぎ(서둘러/급히)'란 표현을 자주 쓰긴 합니다. 하지만 取り急ぎ에는 **원래의 절차를 생략하고 용건만 전달하겠다**는 뉘앙스가 있기 때문에, 거래처 및 윗사람에게 감사 인사를 전하는 경우에 사용하면 큰 실례가 됩니다.

메일의 내용을 살펴보면 거래처의 야마다 씨가 요시나가 씨를 소개해 주는 데 여러 가지 수고가 많았을지도 모릅니다.

그런데 取り急ぎ라는 한마디로 인사를 끝내 버리면 조금 부족함을 느끼겠지요. 일단 메일로 감사 인사를 서둘러 전하고 싶었을 경우에는, 'まずは、お礼申し上げます(우선 감사 인사드립니다)'라고 쓰는 것이 좋습니다.

번역

발신인: 사이토 미노루 saito@○○○○.co.jp
수신인: yamada@○○○○.co.jp

○○주식회사 야마다 님께

안녕하세요.

조금 전 ○○상사의
요시나가 씨를 소개해 주셔서
감사했습니다.
바로 요시나가 씨에게도 본 건의 기획 취지를 설명하니
몹시 기뻐하셨습니다.

우선 감사 인사 드립니다.

══════════════════════════════

사이토 미노루
○○○○주식회사 상품디자인부

差出人：小林　芳雄　kobayashi@○○.co.jp
宛先：yamaguchi@○○○○.co.jp

○○株式会社　○○部　部長　山口様

お世話になります。

さて、小職、4月1日付けで営業一部に
配属されることとなりました。
営業二部在任中は、格別のご厚情を賜り、心より
お礼申し上げます。

今後とも、変わらぬおつきあいのほど、
よろしくお願い申し上げます。

＝＝＝＝＝＝＝＝＝＝＝＝＝＝＝＝
小林　芳雄
○○○○株式会社　営業二部

☞ 메일이 아니라 직접 만나서 인사를 해야 한다는 것은 차치하더라도…….

평사원은 小職라고 쓰지 않는다

小職(소인)가 최근에는 별로 쓰이지 않지만, 小生(소생)과 마찬가지로 자신을 낮춰서 지칭하는 단어입니다. 원래는 관직에 있던 사람(공무원)이 사용하던 표현인데, 점차 민간에서도 사용하게 되었다고 합니다.

하지만 일반적으로 小職는 어느 정도 **높은 직급에 있는 사람이 자신을 겸손하게 지칭할 때 사용하는 단어**라서 직급이 없는 평사원이 사용하면 상대에 따라서는 실례되는 표현이라 여길 수도 있답니다. 이 경우에는 그냥 평범하게 私를 쓰는 것이 좋습니다.

부장님, 이 일은 小職에게 맡겨 주세요.

그래 봤자, 넌 평사원이라고.

번역

발신인: 고바야시 요시오
kobayashi@○○.co.jp
수신인: yamaguchi@○○○○.co.jp

○○주식회사 ○○부 야마다 부장님께

안녕하세요.

소인은 4월 1일부로 영업1부로
발령을 받았습니다.
영업 2부에 있을 때 각별한 애정을
보내 주셨던 것, 진심으로 감사드립니다.

앞으로도 변함없는 지지와 성원을
잘 부탁드립니다.

고바야시 요시오
○○○○주식회사 영업2부

差出人：林　正雄　hayashi@○○○○.co.jp
宛先：nishikawa@○○○○.co.jp

○○株式会社　　西川様

暑中お見舞い申し上げます。
平素は格別のご高配を賜り、
ありがとうございます。
さて、弊社では○月○日から○月○日の間、
夏季休暇を実施させていただきますので、
ご了承のほど、よろしくお願い申し上げます。

暑さ厳しき折柄、
どうぞ、お体ご自愛ください。

＝＝＝＝＝＝＝＝＝＝＝＝＝＝＝＝＝
林　正雄
○○○○株式会社　中部事業部

☞ 끝맺는 인삿말에 주목해 주세요.

ご自愛には体란 뜻이 들어 있다

'ご自愛ください(몸 조심하십시오)'는 일상생활 속 편지나 비즈니스 문서, 메일을 끝맺을 때 쓰는 인삿말로 자주 쓰입니다. 그런데 이 말 자체에 **'体を大切にしてください(몸 건강히 지내시길 바랍니다)'**라는 의미가 포함되어 있기 때문에 'お体ご自愛ください'라고 하면 '몸 건강히'라는 의미가 겹쳐 버립니다.

하지만 더운 여름에 상대방의 건강을 걱정하는 메일이므로, '뜻이 중복됐잖아!'라면서 불쾌하게 여길 사람은 거의 없을 테니 크게 신경은 안 써도 될 것 같습니다.

번역

발신인: 하야시 마사오 hayashi@○○○○.co.jp
수신인: nishikawa@○○○○.co.jp

○○주식회사 니시카와 님께

더위가 기승을 부리고 있는 가운데,
안녕하신지요.
늘 아낌없는 성원을 보내 주셔서
감사드립니다.
폐사에서는 ○월 ○일부터 ○월 ○일까지
여름 휴가를 실시하게 되었으니
양해 부탁드립니다.

더위가 기승인 만큼
건강히 지내시길 바랍니다.

====================================

하야시 마사오
○○○○주식회사 중부사업부

差出人：小島　良子　kojima@○○○○.co.jp
宛先：uemura@○○○○.co.jp

○○株式会社　上村様

いつもお世話になります。

この度の、連絡の行き違いにつきましては
大変ご迷惑をおかけしました。
今後は、このようなことがないように情報連絡を
徹底し、再発の防止に努めたいと思います。

何とぞ、ご査収のうえ、今後とも変わらぬ
ご愛顧のほど、お願い申し上げます。

＝＝＝＝＝＝＝＝＝＝＝＝＝＝＝＝
小島　良子
○○○○株式会社　販売開発部

☞ 첨부 파일이 있는 게 아니니까요…….

査収는 '조사하여 받는다'는 뜻이다

査収(사수)는 메일에서 굉장히 자주 쓰이는 말입니다. '査'는 조사한다는 뜻, '収'는 거둬들인다는 뜻입니다. **따라서 査収는 상대방이 무언가를 잘 조사해서 받아들이길 원할 때 사용합니다.**

이 메일의 경우에는 사과문이기 때문에, 정중한 표현을 쓰려고 査収라는 단어를 사용했지만, 상대방 입장에서는 첨부 파일도 없는데 뭘 받으라는 건지 영문을 모르게 된답니다.

'메일을 받아 주십시오'라는 말을 하고 싶을 때 査収라는 단어는 쓰지 않으니, 잘못 쓰지 않도록 주의하세요.

어서 **査収**해 주세요.

자세히 조사할 수 없는 돈 아니야?

번역

발신인: 고지마 요시코
　　　　kojima@○○○○.co.jp
수신인: uemura@○○○○.co.jp

○○주식회사 우에무라 님께

안녕하세요.

이번에 연락이 엇갈린 건에 대해서는
정말로 죄송했습니다.
앞으로는 이런 일이 일어나지 않도록
정보 연락을 철저히 하여
재발 방지에 노력하겠습니다.

부디 거두어 주시고 앞으로도 변함없는
지지와 성원을 부탁드립니다.

====================================

고지마 요시코
○○○○주식회사 판매개발부

差出人：北村　裕二　kitamura@○○.co.jp
宛先：sugiyama@○○○○.co.jp

○○株式会社　杉山様

いつもお世話になります。

昨日はご多忙のところ、弊社にご足労をたまわり、
ありがとうございました。
打ち合わせの内容をまとめた企画書が
出来上がりましたので、お送りいたします。
ご確認のほど、お願い申し上げます。

＝＝＝＝＝＝＝＝＝＝＝＝＝＝＝＝＝
北村　祐二
○○○○株式会社　営業管理部

☞ 사용한 단어에는 문제가 없어 보이는데…….

多忙라는 단어를
싫어하는 사람도 있다

상대방을 배려하는 마음을 담고 있는 메일이지만, ご多忙의 忙(바쁠 망)자를 한 번 봐 주세요. 부수는 心(마음 심)이고, 그 옆에 있는 亡(잃을 망)은 '잃는다'는 의미라서, 이 한자는 **마음을 잃는다**, 즉 너무 바쁜 나머지 이것저것에 쫓겨 불안한 상태를 가리킵니다.

거래처나 상사 중에는 이런 표현의 숨은 뜻마저 신경 쓰는 사람이 있습니다. ご多忙 대신에 ご多用라고 하면 업무가 많아서 바쁘다는 뜻이 되니, 이 단어를 쓰면 문제가 없답니다.

이렇게 한자를 구분해 사용하는 것도 비즈니스 매너라는 사실을 명심합시다.

번역

발신인: 기타무라 유지 kitamura@○○.co.jp
수신인: sugiyama@○○○○.co.jp

○○주식회사 스기야마 님께

안녕하세요.

어제는 바쁘신 가운데 폐사까지 와 주셔서
감사합니다.
회의 내용을 정리한 기획서가
완성되어 보내 드립니다.
확인 부탁드립니다.

==
기타무라 유지
○○○○주식회사 영업관리부

差出人：高橋　美枝　takahashi@○○○.co.jp
宛先：sasaki@○○○○.co.jp

○○株式会社　佐々木様

いつもお世話になります。

次回のお打ち合わせですが、
来月7月3日(水)の午前10時からでは
いかがでしょうか？
また、場所は弊社でよろしかったでしょうか？
あわせてご返事をいただけると幸いです。
よろしくお願い申し上げます。

＝＝＝＝＝＝＝＝＝＝＝＝＝＝＝＝
高橋　美枝
○○○○株式会社　業務管理部

☞ 이런 표현을 패밀리 레스토랑 말투라고 하던데…….

よろしかったでしょうかは
역시 이상한 말일까?

다음 달 회의 날짜를 묻는데 'よろしかったでしょうか'라고 과거형을 쓰는 건 이상합니다. 이런 경우에는 **'弊社でよろしいでしょうか'**라고 묻는 것이 자연스럽습니다. 하지만 과거에 회의 장소를 물었는데 답장이 없어서 이 메일을 통해 재확인하는 상황이라면, 'よろしかったでしょうか'라는 표현이 이상하지 않겠죠.

패밀리 레스토랑 말투 혹은 편의점 말투를 이상하다고 하는 사람이 많은데, 상황에 따라서 반드시 틀렸다고 할 수 없는 경우도 있답니다.

こちら、
企画書になります。
(이건 기획서가
되겠습니다.)

지금은
뭐가 되었나?

번역

발신인: 다카하시 미에
　　　　takahashi@○○○.co.jp
수신인: sasaki@○○○○.co.jp

○○주식회사 사사키 님께

안녕하세요.

다음 회의는
다음 달 7월 3일(수) 오전 10시부터 하는 건
어떨까 합니다.
또한 장소는 폐사에서 해도
괜찮을까요?
일시와 장소 모두 대답을 주시면
감사하겠습니다.
잘 부탁드립니다.

다카하시 미에
○○○○ 주식회사 업무관리부

差出人：加藤　啓太　katoh@○○○○.co.jp
宛先：○○○○、○○○○、○○○○、○○○○

同期の皆さま

昨日は私の送別会にお集まりくださり、
ありがとうございました。
10月1日より大阪支店宣伝部に移動となります。
これまで全く経験のないセクションへ
配属になるとは、自分でも以外なことで
驚いているのですが、何事にも自身を持って、
全力で頑張りたいと思いますので、
これからも、よろしくお願いいたします。

＝＝＝＝＝＝＝＝＝＝＝＝＝＝＝＝＝
加藤　啓太
○○○○株式会社　営業統括二部

☞ 한자 변환 실수가 3군데 보이네요.

자동 한자 변환은 실수하지 않도록 늘 주의해야 한다

메일은 컴퓨터나 스마트폰으로 쓰기 때문에 아무래도 **한자 변환 실수를 눈치 채지 못하는 경우가 있습니다.**

가장 많이 실수하는 부분은 意外(의외)와 以外(이외)를 자칫 잘못 변환하는 경우입니다. 둘 다 자주 사용하는 단어라서 실수를 눈치채기 어려운 것 같습니다.

이 밖에도 메일에도 있듯이 異動(이동)와 移動(이동), 自信(자신)과 自身(자신) 등은 자주 틀리는 단골 단어들입니다.

사내 메일뿐 아니라 모든 메일은 보내기 전에 반드시 다시 한 번 읽고 잘못 변환된 한자가 없는지 체크하세요.

번역

발신인: 가토 게이타 katoh@○○○○.co.jp
수신인: ○○○○, ○○○○, ○○○○, ○○○○

동기 여러분께

어제는 제 송별회에 와 주셔서
감사했습니다.
10월 1일부터 오사카지점 홍보부로
이동하게 됩니다.
지금까지 전혀 경험해 보지 못한 부서로
발령을 받게 된 건 몹시 의외여서
저도 놀라긴 했지만, 무슨 일이든 자신 있게
전력을 다해 노력하고자 합니다.
앞으로도 잘 부탁드립니다.

==============================
가토 게이타
○○○○주식회사 영업총괄2부

초밥 집에서 당신을 돋보이게 할
魚 부수 한자 읽는 법

가끔은 일이 끝난 뒤 상사에게 억지로 이끌려 초밥 집에 가기도 하죠.

그럴 때 메뉴판에 가득한 魚 부수 한자를 많이 알고 있으면

'오, 이 녀석 제법인걸' 하고 상사가 당신을 다시 보게 되지 않을까요?

어디 한번 도전해 볼까요? 다음 魚 부수 한자를 읽어 보세요.

① 鮪 거의 모든 가게에 '있는(有る)' 것 같아요.

② 鯛 1년마다 잡힌다고 해서 '周(두루 주)'를 함께 쓴다는 설도 있어요.

③ 鰹 '堅魚'라서 'かつお'라고 읽는 걸까요?

④ 鰺 3월이 제철이라 '参(석 삼)'을 함께 쓰는지도 모릅니다.

⑤ 鰯　금방 상한다고 해서 '弱(약할 약)'가 붙었어요.

⑥ 鱈　初雪(첫눈)가 내릴 때쯤 잡힌다고 해요.

⑦ 鮭　サーモン이라고 써 놓은 가게도 있죠.

⑧ 鮑　魚 부수지만, 조개의 일종입니다. '鰒'라고도 써요.

⑨ 鰆　봄철에 가장 많이 잡힌다고 해요.

⑩ 鯖　등 푸른 생선이라 '青(푸를 청)'가 쓰였나 봐요.

① まぐろ(다랑어) ② にしん(청어) ③ かつお(가다랑어) ④ あじ(전갱이) ⑤ いわし(정어리)
⑥ たら(대구) ⑦ さけ(연어) ⑧ あわび(전복) ⑨ さわら(삼치) ⑩ さば(고등어)

제3장

회의 전에
미리 알아 두면 좋은
가타카나 표현

회사라는 곳은 외래어를 정말 좋아합니다.
너무 몰라도 겸연쩍고, 너무 많이 써도 비호감으로 찍히기 십상.
이 장에서는 회의나 기획서에 자주 등장하는 56개의 단어를 소개합니다.
이 정도만 알아 둬도 큰 도움이 될 거예요.

□ **アウトソーシング** │ outsourcing │ 아웃소싱

사용 빈도 ★★

업무의 일부를 외부에 위탁하는 일입니다. 원래는 정보 시스템 분야에서 주로 쓰였지만, 나중에는 인사나 물류 분야로까지 위탁 범위가 넓어졌습니다.

현재는 '외주에게 맡긴다'라는 의미로 사용해도 큰 문제 없습니다.

□ **アジェンダ** │ agenda │ 어젠더

사용 빈도 ★★★

대체로 예정표나 행동 계획을 뜻하지만, 회사에서는 '회의 의제' 또는 '협의 사항'을 가리키는 일이 많습니다.

"本日のアジェンダをご確認ください(오늘의 어젠더를 확인해 주세요)"라는 말을 듣더라도 옆자리에 앉은 사람을 힐끔거리지 마세요. 회의록을 지칭하는 경우도 있으니까요.

□ **アテンド** │ attend │ 동반하다, 모시다

사용 빈도 ★★

학창 시절에는 이 단어를 '출석한다'는 뜻으로 배우지 않았나요?

회사에서는 '동반하다, 모시다'란 뜻으로 변해, "A社のパーティにウチの社長が出席するので、キミにアテンドを頼みたいんだが(A사의 파티에 우리 사장님이 출석하시는데, 자네가 좀 모셨으면 하네)"처럼 쓰입니다.

□ インセンティブ | incentive | 인센티브

사용 빈도 ★★

영어로 '장려, 자극'이라는 뜻입니다. 일반적으로는 성과를 올린 사원에게 특별히 보상금 또는 보너스를 지급하는, 속칭 '당근'이라고 부르는 바로 그것입니다. 판매점에 지급하는 판매 장려금을 가리키기도 합니다.

□ ウィンウィン | win-win | 윈윈

사용 빈도 ★★

자신과 상대방, 상호 간에 좋은 결과가 생기는 일입니다. "これで売り上げが伸びればウチにとってもA社にとってもウィンウィンだろ(이걸로 매출이 늘면 우리 회사도 A사도 윈윈 아니겠어)"라는 식으로 쓰입니다.

다른 별에서 온 외계인과 만나는 SF 영화 〈컨택트(Arrival)〉에서도 이 단어가 중요한 키워드로 등장한답니다.

□ エビデンス | evidence | 증거, 증명

사용 빈도 ★★

'증거, 증명'이라는 의미입니다. "その仮説には何かエビデンスがあるのか(그 가설을 뒷받침할 만한 증거가 있나)?"처럼 쓰입니다.

업계에 따라서는 의미가 미묘하게 달라지니 이 단어를 쓸 때에는 조심해야 합니다. 의약품이나 보조의약품 업계에선 '효과를 표시할 수 있는 실증 데이터'라는 의미로 쓰인다고 합니다.

> □ **オファー** | **offer** | 신청, 주문

사용 빈도 ★★★

'신청' 또는 '주문'이라는 뜻입니다. "得意先から正式なオファーがない(거래처에서 정식 주문이 들어오지 않았다)"와 같은 식으로 쓰이고 있습니다.

통신기기 판매 업계에서는 '구입 조건'이라는 의미로 사용하고 있습니다. "今なら20%OFFの24,000円(지금 사면 20% 할인된 가격인 24,000엔)"이라는 문장도 일종의 오퍼입니다.

> □ **オルタナティブ** | **alternative** | 대안

사용 빈도 ★★

본래 의미는 두 개 중 하나를 선택하는 '양자택일'이지만, 회사에서는 '대안'을 나타내는 경우가 많습니다. "これでOKだが、念のためオルタナを用意してくれ(이걸로 괜찮지만, 혹시 모르니 대안을 준비해 두게)"처럼 '才ルタナ'라는 준말로도 쓰입니다.

□ ガバナンス ｜ governance ｜ 관리 운영 체계

사용 빈도 ★

'통치 또는 그것을 위한 체제, 방법'이라는 뜻입니다.

'コーポレートガバナンス(corperate governance)'는 기업의 관리 운영이라는 의미입니다.

발음이 비슷한 단어로 ガバメント(government)가 있는데, 이 단어는 '정부 또는 지방 공공단체의 행정부'라는 의미입니다.

□ キャッシュフロー ｜ cash flow ｜ 현금의 흐름

사용 빈도 ★

정해진 기간 동안 현금이 얼마나 들어오고 나갔는지를 나타내는, 이른바 '현금 흐름의 지표'를 의미합니다.

손익계산서나 대차대조표 같은 서류상 결산이 아니라, 실제 보유하고 있는 현금의 흐름을 알 수 있습니다.

□ キャパ ｜ capacity ｜ 수용 능력

사용 빈도 ★★★

キャパシティ의 준말로, '수용 능력, 받아들일 수 있는 능력'을 말합니다.

"あの劇場のキャパは2,000人を超える(저 극장의 수용 인원은 2,000명을 넘는다)"와 같은 형태로 쓰이지만, 회사에서는 업무 가능한 용량을 뜻합니다.

"いまキャパいっぱいですよ(지금은 여유가 없어요)"처럼, 대개는 맡고 싶지 않은 일을 완곡하게 거절할 때 쓰인답니다.

□ キュレーション ｜ curation ｜ 큐레이션

사용 빈도 ★

인터넷상의 정보를 수집해 정리하는 것을 뜻하는 IT용어입니다. 박물관이나 도서관의 큐레이터가 관내 전시물을 보기 쉽게 정리하는 것에서 유래했다고 합니다.

맛집이나 스포츠 경기 등 특정 정보를 정리한 웹 사이트를 'キュレーションサイト(큐레이션 사이트)'라고 부릅니다.

□ クラウドファンディング ｜ crowd funding ｜ 크라우드 펀딩

사용 빈도 ★★★

인터넷상에서 불특정 다수의 사람들로부터 자금을 모으는 방법을 말합니다.

크라우드는 '구름(cloud)'이 아니라 '군중(crowd)'을 뜻합니다.

'이런 걸 해 보고 싶다'고 아이디어를 낸 기안자가 크라우드 펀딩 사이트를 통해 경제적으로 지원해 줄 후원자를 모집합니다.

□ コーポレート ｜ corporate ｜ 기업, 회사

사용 빈도 ★★★

'코퍼레이션(법인)'이라는 단어에서 알 수 있듯이 '기업의' 또는 '공동의'라는 의미입니다. 따라서 'コーポレートサイト'는 기업의 공식 홈페이지, 'コーポレートカード'는 법인 카드를 뜻합니다.

□ コミット | commit | 보장

사용 빈도 ★

'책임지고 약속하는 일'이란 의미입니다. "前年比110%の増収をコミットします(전년 대비 110%의 수익 증가를 보장합니다)" 등과 같이 쓰이며, '약속합니다'라는 표현보다 책임을 지겠다는 강한 의지를 표명합니다.

하지만 너무 빈번하게 쓰면 경솔한 느낌이 들어 도리어 신뢰받기 어려우니, 주의해 사용하세요.

□ コンセンサス | consensus | 동의

사용 빈도 ★★★

'동의'라는 의미입니다. 비즈니스상에서 굳이 안 써도 되는 가타카나 표현으로 가장 먼저 뽑힐 법한 단어입니다. 현장에서는 "事前に部長のコンセンサスをとっておけよ(미리 부장님 동의 좀 받아 둬)"처럼 쓰이는데, 너무 널리 쓰이는 말이라 이 단어를 구사해도 '우아, 똑똑하네'라는 인상을 줄 가능성은 낮습니다.

□ コンピタンス | competence | 전문 능력

사용 빈도 ★

'전문 능력'이란 뜻이어서, '코어·콘피탄스(경쟁사를 뛰어넘는 능력 또는 경쟁사가 흉내 낼 수 없는 능력)'처럼 쓰는 경우가 많습니다. 알기 쉽게 바꿔 말하면 '우리 회사만의 강점'이라는 뜻이죠.

□ コンプライアンス ｜ compliance ｜ 윤리 강령

사용 빈도 ★★

기업이 법령이나 윤리를 지키는 일을 뜻합니다. 이 단어를 자주 듣게 된 것은 상품의 질을 속이거나 부정회계 등 각종 기업 비리가 밝혀질 때마다 경영진이 머리를 숙이고 "さらなるコンプライアンスの徹底につとめます(기업 법규를 철저히 준수하겠습니다)"라고 사과하기 때문입니다. 사죄를 할 때조차 외래어를 쓰는 건 좀 어울리지 않지만 말이죠.

□ シナジー ｜ synergy ｜ 시너지, 상승 효과

사용 빈도 ★

'상승 효과'라는 뜻으로, 'シナジー効果(시너지 효과)'라고 쓰기도 합니다. 예를 들면, 복수의 기업이 하나의 시설 내에서 협동하여 보다 큰 성과를 올리는 일입니다. 최근에는 대형 서점의 한 모퉁이에 커피 체인점이 들어와 양쪽 모두 효과적으로 손님을 끌어들이는 일 역시 시너지의 한 형태라 볼 수 있습니다.

□ ステークホルダー ｜ stake holder ｜ 이해관계자

사용 빈도 ★★

ステーキ(Steak, 스테이크)와 발음이 비슷하지만, 이 단어는 '기업의 이해관계자'를 뜻합니다.

주주 및 채권자, 소비자, 거래처 등을 가리키며, 대기업의 회사 안내 책자 및 홈페이지에 자주 등장합니다. 현장에서는 "今後もお客様や株主をはじめ、すべてのステークホルダーの皆様のご期待にお応えしていく所存でございます(앞으로도 고객과 주주 여러분을 비롯해 모든 이해관계자의 기대에 부응해 나가겠습니다)"처럼 쓰입니다.

□ ストレージ ｜ storage ｜ 데이터 기억 장치

사용 빈도 ★★

원래는 '보관' 또는 '저장'이라는 의미이지만, 요즘 회사에서는 '데이터를 보관하는 기억 장치'를 가리킵니다. 하드 디스크가 그 대표적 예입니다. 인터넷을 통해 데이터 저장 공간을 빌려주는 서비스는 '온라인스트레지'라고 부릅니다.

□ ソリューション ｜ solution ｜ 솔루션

사용 빈도 ★★

원래는 IT 업자가 고객의 요청에 맞춰 하드웨어 및 소프트웨어를 조합하여 시스템을 제공하는 것을 가리켰지만, 지금은 보다 폭넓게 기업이 안고 있는 여러 가지 문제를 해결해 주는 서비스를 통틀어 이렇게 지칭하고 있습니다.

□ **ダイバーシティ** ｜ **diversity** ｜ **다양성**

사용 빈도 ★★

'다양성'이란 뜻입니다. 비즈니스 용어로 국적 및 성별, 인종을 불문하고 인재를 채용하는 것을 뜻하며, 기업의 회사 안내에 자주 등장하는 단어입니다.

"多様<small>たよう</small>な人材<small>じんざい</small>の個性<small>こせい</small>や持<small>も</small>ち味<small>あじ</small>を活<small>い</small>かし、新<small>あたら</small>しい価値<small>かち</small>や成果<small>せいか</small>を生<small>う</small>み出<small>だ</small>していくダイバーシティの取組<small>とりく</small>みをスタートさせました(여러 인재의 개성과 특성을 살려 새로운 가치 및 성과를 창출해 나가는 다양성을 지향하고자 합니다)"처럼 쓰입니다.

□ **タスクフォース** ｜ **task force** ｜ **태스크 포스**

사용 빈도 ★

'タスク'는 일 또는 임무, 'フォース'는 힘이라는 뜻이지만, 두 단어를 함께 쓰면 갑자기 무협극 같은 뉘앙스가 풍기면서 '어떤 특별한 임무를 위해 일시적으로 조직된 팀'을 뜻하게 된답니다.

쉽게 말하면, 구로사와 아키라 감독의 영화 〈7인의 사무라이〉가 대표적인 태스크 포스 팀이라고 할 수 있습니다.

□ **ドラフト** ｜ **draft** ｜ **초안**

사용 빈도 ★

프로 야구에서는 '신인 선수를 선출하기 위한 회의'라는 뜻으로 쓰이지만, 회사에서는 '밑그림' 또는 '초안'이라는 뜻입니다.

실무에서는 "明日<small>あした</small>までにドラフトでいいから作<small>つく</small>ってもらえないか(내일까지 대략이라도 좋으니 만들어 주겠나)?"처럼 쓰입니다. 부탁을 받은 사람도 "下書<small>したが</small>きでいいから(초안 수준이면 돼)"라는 표현보다는 싫은 느낌이 덜하지만, 사실 작업적인 측면에서는 똑같습니다.

☐ **バジェット** | **budget** | **예산, 경비**

사용 빈도 ★★★

어째서 예산이나 경비 같은 쉬운 말을 놔두고 'バジェット'라는 말을 쓰는 걸까요? 돈에 관련된 말을 노골적으로 꺼내지 않는 일본인들의 관습 때문에 무의식적으로 외래어를 쓰는 경우가 많은지도 모릅니다. 거래처의 예산이 적다는 것을 쉽게 예상할 수 있을 땐, "で、バジェットの方は(그렇다면 예산은 어느 정도인가요)?"라고 질문하면 정중한 느낌이 든답니다.

☐ **バッファ** | **buffer** | **여유**

사용 빈도 ★

컴퓨터를 쓰다 보면 가끔 접하게 되는 단어인데, 의외로 뜻을 모르는 사람이 많습니다. バッファ는 원래 '완충'이라는 뜻인데, 회사에서는 시간에 여유를 둔다는 뜻으로 쓰이는 경우가 많습니다.
"4日にはアップする予定だが、バッファを持たせて6日提出ということにしておこう(4일에 업로드할 예정이지만, 여유를 두고 6일에 제출하는 걸로 하자)" 처럼요.

☐ **フィックス** | **fix** | **결정, 고정**

사용 빈도 ★★★

회사에서 '결정한다'라는 뜻으로 쓰이지만, '결정'보다 '고정'이라는 뉘앙스에 가깝습니다. 거래처에 "これでフィックスします(이렇게 결정하겠습니다)"라고 말하면, 더 이상 변동할 수 없는 최후 통첩으로 사용되는 경우가 많답니다.

☐ フェーズ ┃ phase ┃ 단계, 국면

사용 빈도 ★★

フェイス(face, 얼굴)와 발음이 비슷해 혼동하는 사람도 가끔 있답니다. 기업이 경영 계획을 설명하는 경우에 자주 등장합니다. "2019年に策定した3年間の中期経営計画を、飛躍フェーズの第1ステージと位置づけます(2019년에 책정한 3년 중기 경영 계획을 회사 도약 국면의 첫 번째 단계로 삼겠습니다)"처럼 말이지요.

☐ プライオリティ ┃ priority ┃ 우선순위

사용 빈도 ★★★

전철이나 버스에 있는 노약자석은 영어로 'priority seat(プライオリティ・シート)' 라고 병기된 경우도 있습니다. 회사에서 일이 겹쳤을 때에는 상식적으로는 마감일이나 납품 일정이 더 급한 일부터 우선해야겠죠?

☐ ブラッシュアップ ┃ brush up ┃ 마무리

사용 빈도 ★★★

'brush'는 닦는다는 뜻으로, 일본인들은 'ブラシ'라고 발음합니다.

회사에서 '브랏슈아プ'라고 하면 '닦아서 마무리한다'는 뜻이랍니다.
"今日の企画をもう少しブラッシュアップしてください(오늘 기획을 조금 더 다듬어 주세요)"라는 말을 들었다면, 거의 OK라는 뜻이니 기분 나빠하지 마세요.

□ ブランディング | branding | 브랜딩

사용 빈도 ★★★

매일같이 듣는 말이지만, 너무 범위가 넓어서 제대로 의미를 설명할 수 있는 사람이 의외로 적습니다. 누구나 이해할 수 있을 만한 말로 바꾸면 '타의 추종을 불허하는 상품 가치를 만들어 내는 것'을 뜻합니다. 아직도 어렵다고요? '선전이나 홍보 활동을 하지 않더라도 그 상품을 선택하도록 만드는 것'이라고 하면 쉬울까요?

□ フリーアドレス | free address | 프리 어드레스

사용 빈도 ★★

자신의 자리를 정해 놓지 않고, 비어 있는 자리에서 자유롭게 일하는 형태를 가리킵니다. 일본에는 1980년대 후반부터 도입되었습니다. 기업 입장에서는 비용 절감이 목표였겠지만, 사원 입장에서는 자기 자리가 없다는 거부감이 뿌리 깊어 당시에는 '의자 뺏기 게임'이라 비판받았다고 하네요.

□ プロパー | proper | 초기 멤버, 창립 멤버

사용 빈도 ★★★

회사 내부에서 프로퍼는 회사를 처음 시작할 때부터 있었던 '초기 멤버, 창립 멤버'를 가리키는 경우가 많습니다.
중도에 입사한 사원과 구별해서 이렇게 부르기도 하지만, 비정규직이나 아르바이트 사원과 구별하기 위해 정사원을 '프로퍼社員'이라고 부르는 경우도 있습니다.

□ ベンチマーク | bench mark | 벤치마킹

사용 빈도 ★

IT 용어로는 컴퓨터의 하드웨어, 소프트웨어의 성능을 평가하는 기준을 말합니다. 그 뜻이 변해 타사의 우수한 점을 배워 기준으로 삼는다는 의미로도 쓰이게 되면서, "あの会社の成功例をわれわれのベンチマークにしたい(저 회사의 성공을 우리가 벤치마킹하고 싶다)"처럼 사용하고 있습니다.

□ ペンディング | pending | 보류

사용 빈도 ★★★

보류하거나 미룬다는 의미로 회사에서 아주 많이 사용하는 단어입니다.
'pend'는 원래 '매달리다'라는 뜻인데, 목에 거는 액세서리인 펜던트도 이 단어에서 나온 말입니다. 한 번 보류된 기획이나 제안이 다시 살아나는 일은 거의 없으니, 그런 의미에서는 펜딩이 아니라 엔딩에 가깝다고 할 수 있겠네요.

□ ボトルネック | bottle neck | 방해 요소

사용 빈도 ★

유리병의 가는 목 부분을 지날 때에는 물의 흐름이 나빠지는 것에 비유해, 회사에서는 '진행에 방해가 되는 요소'를 ボトルネック라 부릅니다.
효율이 떨어지는 부분을 가리키며, "ボトルネックはどこだろう(어디에서 막혔을까)?"처럼 사용합니다.
보통 짧게 줄여 'ネック'라고만 말해도 통한답니다.

□ リスクヘッジ ｜ risk hedge ｜ 위험 회피

사용 빈도 ★★

リスク는 위험, ヘッジ는 회피라는 뜻이라, リスクヘッジ는 문자 그대로 '위험을 회피하는 것'을 말합니다. 원래는 금융 업계에서 사용하던 용어였지만, 지금은 일반 회사에서도 두루 사용합니다.

"リスクヘッジのために法務にも声をかけておこう(손실을 방지하기 위해 법무적인 조치도 취해 놓자)"처럼 쓰이는데, '転ばぬ先の杖(유비무환)'과 같은 뜻입니다.

□ リテラシー ｜ literacy ｜ 문해 능력

사용 빈도 ★

원래는 '읽고 쓸 수 있는 능력'을 말합니다.

최근에는 '○○리터러시'가 '○○를 편리하게 사용할 수 있다'는 뜻으로 변해, ネットリテラシー(net literacy)는 '인터넷을 잘 활용할 수 있는 능력'을 의미합니다.

□ ワーキングランチ ｜ working lunch ｜ 워킹 런치

사용 빈도 ★

정치가 및 기업 임원들이 일 얘기를 나누면서 점심을 먹는 것을 말합니다. 각국의 정상들이 모이는 정상회담 덕분에 익숙해진 단어이기도 합니다.

처음 이 단어를 들었을 땐, 점심을 먹으러 갈 시간도 아까울 정도로 바빠서 편의점에서 사 온 삼각김밥을 먹으며 일한다는 뜻인 줄 알았답니다.

□ ASAP(アサップ) │ 최대한 빨리

사용 빈도 ★

'as soon as possible'의 준말로, '최대한 빨리'라는 의미입니다.

외래어 쓰기 좋아하는 사람은 어느 회사에나 있기 마련인데, 누군가 "そのレジュメ、アサップでフィニッシュしておいてよ(그거 정리본은 ASAP로 끝내 줘)"라고 말하면, "なるはやで仕上げます(되도록 빨리 정리하겠습니다)"라고 대답하면 어떨까요? 간결한 표현이 제일 좋은 거 아니겠어요?

※'なるはや'는 'なるべく早く'의 준말이랍니다. – 역자 주

□ B to B │ 회사 간 거래

사용 빈도 ★★

'business to business'의 준말로, 법인을 상대로 하는 거래를 'B to B'라고 합니다. 참고로 일반 소비자를 대상으로 하는 경우에는 'B to C(business to consumer)', 행정기관을 상대로 하는 경우에는 'B to G(business to government)'라고 합니다.

□ CB ┃ 콜백

사용 빈도 ★

회사에서는 주로 'call back', 즉 전화를 다시 건다는 뜻으로 쓰입니다.
"A社から電話がありました。CBお願いします(A사에서 전화가 왔습니다. 다시 전화 부탁드립니다)"와 같이 메모로 접하게 되는 경우가 많습니다. 'Cash back'이라는 뜻이 아니니 당황해서 메모를 숨기지 않아도 됩니다.

□ CC ┃ 참조

사용 빈도 ★★★

이메일을 보낼 때 반드시 접하게 되는 용어입니다. 수신인뿐만 아니라 다른 사람에게도 확인을 위해 보내는 경우에 CC 기능을 사용하는데, 이 표현이 'carbon copy'의 준말이라는 사실을 모르는 사람이 의외로 많더군요. 참고로, carbon copy는 '복사'라는 뜻입니다.

□ CI ┃ 회사 로고

사용 빈도 ★★

'corporate identity'의 준말입니다. 기업이 자사의 이념을 안팎으로 알리기 위해 통일된 이미지를 발신하는 것을 가리키는데, 좁은 의미에서는 기업의 심볼 마크나 로고 타입을 제작하고 관리하는 것을 한정합니다. 이럴 경우엔 CI 중에서도 'VI(visual identity)'라고 구분해서 쓰는 경우도 있습니다.

□ c/o ∣ 전교

사용 빈도 ★

특히 외국계 회사에 입사하실 분들은 반드시 기억해 둬야 하는 단어입니다. c/o는 'care of'의 약자로, 우편물 등을 보낼 때 '전교(다른 사람의 손을 거쳐 편지나 서류를 교부함)'한다는 의미랍니다.

예를 들어 A사에 우편물을 보내야 하는데, A사가 B사 안에 있다면 "A社 c/o B社"라고 씁니다.

□ CRM ∣ 고객 관리

사용 빈도 ★★

'customer relationship management'의 준말로, '고객 만족을 통해 수익 향상을 도모하는 일'로 정의되는 마케팅 용어입니다.

일반적으로는 고객 정보를 관리하거나 DM(다이렉트 메일) 등의 판촉 시스템 관리처럼 고객을 소중히 여기는 전략이라는 뜻이죠.

□ CSR ∣ 기업의 사회적 책임

사용 빈도 ★★

'corporate social responsibility'의 머리글자를 딴 단어로, 번역하면 '기업의 사회적 책임'입니다.

기업이 이윤 추구뿐 아니라 사회에 끼치는 영향에 책임을 가지고 환경 보호나 지역 발전에 공헌하는 활동을 펼치는 것 등을 가리킵니다.

☐ FAQ ｜ 자주 하는 질문

사용 빈도 ★★

'frequently asked questions'의 머리글자를 딴 단어로, '자주 하는 질문'을 뜻합니다. Q&A는 '질문과 대답'이라 전혀 다른 뜻입니다. 질문에는 보통 대답이 따라오니까, 비슷하게 쓰이는 단어라고 여겨도 문제는 없겠네요.

☐ FYI ｜ 참고로

사용 빈도 ★

'for your information'의 머리글자를 딴 단어로, 메일이나 메모 등에 가끔씩 쓰이는데 '참고로'라는 뜻입니다.

FYI라고 영어로 쓰면 거창하게 보여서 '이게 뭐지?' 싶지만, 어디까지나 '참고로' 알아두면 좋은 내용일 뿐 그다지 중요한 내용은 아니랍니다.

☐ IoT ｜ 사물 인터넷

사용 빈도 ★★

'internet of things'의 준말로, 최근 들어 자주 쓰이는 IT 용어입니다. '인터넷이 연결되는 사물, 사물 인터넷' 등으로 정의할 수 있습니다.

자동차나 가전 제품 등도 이미 인터넷과 연결되고 있고, 앞으로는 거의 모든 '사물'이 네트워크화될 것이라고 합니다.

☐ ISO | 국제 규격

사용 빈도 ★★

명함이나 상품에 'ISO 취득'이라는 표현이 기재되어 있는 걸 자주 보는데, ISO는 '국제표준화기구'의 약칭으로 '전 세계의 규격을 통일하는 것'입니다.

예를 들어, ISO9001을 취득했다고 하면 '심사 기관의 인증을 받은 품질 보증 시스템'을 갖췄다는 뜻이랍니다.

☐ LGBT | 성적소수자

사용 빈도 ★★

'성적소수자'를 총칭하는 말로, 레즈비언(lesbian), 게이(gay), 바이섹슈얼(bisexual), 트랜스젠더(transgender)의 머리글자를 딴 단어입니다.

기업에 따라서는 성적 취향에 의한 차별 금지 규정을 지정하여, LGBT 인재가 일하기 편한 근무 환경을 제공하기 시작한 곳도 있습니다.

☐ M&A | 기업 인수 및 합병

사용 빈도 ★★★

'기업의 인수 및 합병'을 뜻합니다. 합병(merger)과 인수(acquisition)의 머리글자를 합친 단어입니다. 최근에는 기업간 M&A가 적극적으로 이루어지고 있는데, 특히 2016년에 대만의 폭스콘(홍하이 정밀공업)이 일본의 샤프를 인수한 사건은 아주 큰 화제가 되었습니다. 서로에게 이점이 있기도 하지만, M&A가 예상했던 만큼 성과를 올리지 못하는 경우도 있습니다.

□ PDCA | 업무 진행 방식

사용 빈도 ★★★

계획(plan), 실행(do), 검증(check), 개선(action)의 머리글자를 따온 표현으로, 업무 진행 방식을 나타내는 하나의 지표입니다.

4개의 과정이 유기적으로 진행되기 때문에 "PDCAを回していく(PDCA를 진행시키다)"라는 식으로 쓰입니다.

□ PDF | PDF 파일

사용 빈도 ★★★

업무를 하다 보면 "企画書をPDFで送ってください(기획서는 PDF로 보내 주세요)"라는 말을 듣게 됩니다. PDF는 'portable document format'의 약자로, 전자문서에서 쓰이는 공통 언어를 가리킵니다. 인쇄 페이지와 동일한 상태로 사용할 수 있는 파일 형식인데, 이렇게 말해도 이해가 안 되면 실제로 컴퓨터에서 문서를 작성해 PDF 형식으로 저장해 보세요.

이제는 자취를 감춘 회사 용어

새로운 단어가 매일같이 등장하는 이면엔

시대의 흐름 속에 사라져 버린 회사 용어도 셀 수 없이 많답니다.

옛 생각을 떠올리며 어디 한번 되짚어 볼까요, 그때 우린 젊었잖아요⋯⋯.

쇼와 시대(1926년~1989년) 중반, 회사에서 일하는 여성들을

BG(ビジネスガール/비즈니스 걸)라 불렀습니다.

오늘은 토요일. 즐거운 半ドン이다!

※半分ドンタク의 준말로, 오전 중에 업무를 하고, 오후엔 쉬는 것을 가리킵니다. ド
ンタク는 일요일을 뜻하는 네덜란드어 'zondag'가 변한 말입니다. – 역자 주

일에 미쳐 살면서 회사에 목숨을 바치던 그 시절엔 다들
モーレツ社員(猛烈社員/맹렬사원)이었습니다.

 이것도 저것도 다 회사 비용으로 썼던
社用族(しゃようぞく)가 있었죠.

※社用族(しゃようぞく)은 회사 경비로 유흥, 오락, 교통비 등 사적인 비용을 쓰는 사원을 가리킵니다. – 역자 주

이거, LA지사에 바로 **テレックス**(텔렉스, 가입자 전신)쳐 줘.

우리 회사 여직원은 모두 **腰掛け**(こしかけ)(임시 직업)여서, 3년쯤 지나면 다들 그만둬.

오늘은 월급날, 회사에서 열어 보지 말고 집으로 가져가야지,
月給袋(げっきゅうぶくろ)(월급 봉투).

과장님, 설계도 **青焼き**(あおやき)(청사진)는 몇 장 준비할까요?

아저씨는 회색 양복만 입지. **ドブネズミルック**라 불리든 말든.

※'ドブネズミルック(시궁창쥐+LOOK)'은 일본 아저씨를 대표하는 패션 스타일로 회색 양복이 시궁창쥐처럼 보인다고 해서 붙은 이름입니다. – 역자 주

매일 야근의 연속, 오늘은 **寝て曜日**(ねてようび)로 괜찮지?
※**寝て曜日**(ねてようび)는 아무 곳도 안 가고 집에서 쉬는 것을 말합니다. – 역자 주

미처 그런 의미인 줄
몰랐던 회사 용어

회사에서는 단어의 뜻을 잘못 알면
생각지도 못한 사태를 불러일으킬 수도 있습니다.
말을 무기로 삼는 사람이라면 꼭 알아 두어야 할,
착각하기 쉬운 15개 단어의 진짜 의미를 알려드립니다.

役不足
やくぶそく

A 社長の代理なんて、私にはとても役不足です。
しゃちょう だいり わたし

사장님의 대리라니, 저에게는 너무나 역부족입니다.

B こんな軽い仕事は、彼にとっては役不足です。
かる しごと かれ

이런 가벼운 일은 그에게는 맞지 않는 역할입니다.

한자를 잘 살펴봅시다. 비슷한 단어로 力不足가 있는데, 이건 힘이 부족한 것을
ちからぶそく
말합니다. 그렇다면 役不足는 役가 부족한 것, 그러니까……
やくぶそく やく

役不足는 '역량에 비해서 역할이 너무 쉽고 가벼운 것'을 말합니다.
やくぶそく

정답은 B

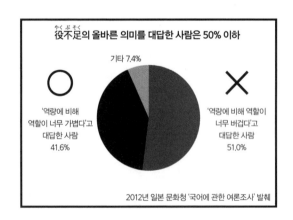

役不足의 올바른 의미를 대답한 사람은 50% 이하
やくぶそく

기타 7.4%

○
'역량에 비해
역할이 너무 가볍다'고
대답한 사람
41.6%

✕
'역량에 비해 역할이
너무 버겁다'고
대답한 사람
51.0%

2012년 일본 문화청 '국어에 관한 여론조사' 발췌

'부족'이라는 단어가 있어서 부정적인 이미지를 갖는 사람이 많아 力不足와 헷갈리기 쉽습니다.

그러나 役不足는 '주어진 일이나 역할이 그 사람의 역량에 비해서 너무 쉽다'는 의미입니다.

따라서 겸손의 뜻으로 "このような仕事を与えていただき、ありがとうございます。私には役不足と思いますが、精一杯がんばります(이와 같은 일을 주셔서 감사합니다. 저에게는 역부족이라고 생각합니다만, 열심히 해 보겠습니다)"라고 말할 경우, 바른 의미를 알고 있는 상사라면 '비꼬는 건가……'라고 얼굴을 찌푸릴 수도 있답니다.

遺憾に思う

A 心残りで、残念だ。

아쉬운 마음이다.

B 申し訳ない気持ちだ。

죄송한 마음이다.

遺憾(유감)의 遺(끼칠 유)는 '남긴다'는 뜻입니다. 憾(한할 감)은 '아쉬운 마음, 불만'을 뜻하므로, 이 두 글자만 보면 사죄의 뉘앙스는 없다고 볼 수 있습니다.

遺憾은 '아쉬움이 남아서 유감'이라는 뜻입니다.

정답은 A

때때로 정치인이나 기업 경영인이 기자 회견 등에서 사용한 말의 의미가 잘못 알려진 채로 널리 퍼지는 경우가 있습니다. 遺憾^{いかん}이라는 단어도 그중 하나입니다. 遺憾^{いかん}은 원래 **'마음에 아쉬움이 남는다'는 뜻입니다.**

종종 정치인이 기자 회견에서 같은 당 소속 장관의 실언에 대한 질문을 받으면 "そこは遺憾^{いかん}に思^{おも}います(그 부분은 유감이라고 생각합니다)"라는 대답을 하기 때문에 遺憾^{いかん}이라는 말에 사죄의 의미가 있는 것처럼 느껴지곤 합니다. 하지만 사실상 사죄의 의미는 없기 때문에 그 발언의 뜻은 "그런 말을 했나요? 아쉽네요"라는 의미입니다. 잘 생각해 보면 제3자의 입장에서 말하는 것이나 마찬가지랍니다.

姑息
こ そく

A 相手に情報を流すとは、何とも姑息な手段だ。
あいて じょうほう なが なん しゅだん

상대방에게 정보를 흘리다니 참으로 임시적인 수단이다.

B いま、担当をかえても、それは姑息な対応だ。
たんとう たいおう

지금 담당을 바꾸더라도 그것은 임시적인 대응이다.

姑(시어미 고)는 원래 문자 그대로 '나이 든 여성'을 뜻합니다. 그분들은 흔히 보수적이고 변화를 싫어하며 현재의 상태 그대로 두는 것을 좋아하죠. 그러니까……

姑息는 '임시방편, 일시적 변통'이라는 뜻입니다.
こ そく

정답은 B

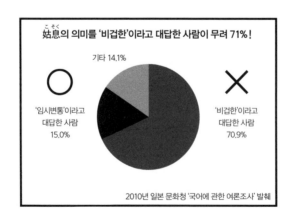

姑息의 의미를 '비겁한'이라고 대답한 사람이 무려 71%!
こ そく

기타 14.1%

○
'임시변통'이라고
대답한 사람
15.0%

×
'비겁한'이라고
대답한 사람
70.9%

2010년 일본 문화청 '국어에 관한 여론조사' 발췌

姑息의 姑는 '잠시', 息은 '쉬는 것'을 뜻합니다. 따라서 姑息이란 '잠시 쉰다'는 뜻에서 **'일시 회피, 임시방편'**이라는 의미가 되었습니다. 그런데 너무나도 많은 사람들이 姑息을 '비겁한, 교활한'이라는 뜻으로 오해하고 있는 이유는 무엇일까요?

하나는 姑(시어미 고)가 시어머니를 나타내기 때문에 며느리에게 시집살이를 시키는 이미지를 떠오르게 만든다는 것, 또 하나는 姑息의 발음이 'こそこそ(수근수근)'나 'こっそり(몰래)'와 발음이 비슷하다 보니 뒤에서 뭔가 나쁜 짓을 꾸미는 듯한 느낌이 들기 때문이지 않을까요?

親展
しん てん

A 親または保護者に開封をお願いします。
おや　　　　　ほ　ご　しゃ　　　　かい ふう　　　　　　ねが

부모님 또는 보호자가 개봉해 주세요.

B あて先の人に開封をお願いします。
　　さき　ひと　　かい ふう　　　　　　ねが

'받는 사람'이 직접 개봉해 주세요.

親(친할 친)이라는 글자는 이 경우에 '부모님'이라는 뜻이 아닙니다.
しん

이미 제 몫을 하는 사회인(버젓이 직장 생활을 하고 있는 사람)에게 보내면서 '부모님이나 보호자가 개봉해 주세요'라니……. 생각해 보면 좀 이상하죠?

親展은 '받는 사람이 직접 개봉하라'는 뜻입니다.
しんてん

정답은 B

저 역시 예전에 親展은 부모님이 개봉하는 것이라고 착각했었습니다.
　　　　　　　しんてん

이 단어 속에서 '親'은 부모님이 아니라 '직접'이라는 뜻으로 쓰인 것입니다. 따라서
　　　　　　しん

親展은 **'받는 사람이 직접 개봉해 주세요'라는 뜻입니다.** 때때로 외국에서 온 국
しんてん

빈에게 대통령이나 총리가 親書(친서)를 보냈다는 보도를 접하죠? 이 경우 親書
　　　　　　　　　しんしょ　　　　　　　　　　　　　　　　　　　　しんしょ

는 '스스로 적은 편지'라는 의미입니다. 참고로 親展은 영어로 'confidential'이라
　　　　　　　　　　　　　　　　　　　　しんてん

고 합니다. 기밀이라는 뜻이므로 부모님이 열면 더더욱 안 되겠죠?

おっとり刀で駆けつける

A 急いで行く。

서둘러 가다.

B ゆっくり行く。

천천히 가다.

최근에는 별로 안 쓰이는 표현이지만, おっとり刀는 대체로 'おっとり刀で駆け つける'라고 한 세트로 쓰입니다. 駆けつける가 달린다는 뜻이니, 천천히 가는 것은 아닐 것 같은데요…….

おっとり刀で駆けつける는 '굉장히 서둘러 간다'는 뜻입니다.

정답은 A

おっとり刀는 한자로 '押っ取り刀'라고 쓰며, 무사가 아주 급박한 순간에 처해 허리에 검을 꽂을 새도 없이 손에 들고 있는 상태를 말하는 것입니다.

따라서 'おっとり刀で駆けつける'라는 표현은 **어찌할 새도 없이 굉장히 서두르 며 달려간다는 뜻입니다.**

괜히 'おっとり(대범하게)'라는 부사 때문에 뜻을 잘못 알고 있는 사람이 많은 것 도 어쩔 수 없는 일입니다. 요즘에는 회사에서 자주 쓰이지 않는 단어지만, 과거 무 사가 이 단어를 '천천히 간다'고 오해했다면 큰일이 났겠죠?

やぶさかでない

A よろこんでする。

기꺼이 하다.

B 仕方(しかた)なくする。

어쩔 수 없이 하다.

やぶさか는 인색하다는 뜻입니다. 'ない'라는 부정어가 뒤에 붙기 때문에 여기서는 やぶさか를 부정하는, 긍정의 의미가 원래의 쓰임새입니다. 그러니까…….

やぶさかでない는 긍정적인 의미입니다.

정답은 A

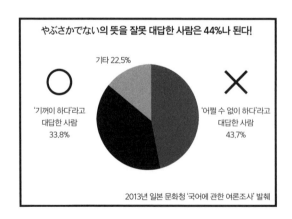

やぶさかでない의 뜻을 잘못 대답한 사람은 **44%**나 된다!

기타 22.5%

○

'기꺼이 하다'라고
대답한 사람
33.8%

×

'어쩔 수 없이 하다'라고
대답한 사람
43.7%

2013년 일본 문화청 '국어에 관한 여론조사' 발췌

やぶさかを한자로 쓰면 '吝か'입니다. 吝(인색할 린)은 음독하면 'りん'이라고 읽어서, 흔히 구두쇠를 두고 '吝嗇(인색)하다'고 합니다. やぶさかでない는 やぶさか를 부정하니까, **'인색하지 굴지 않고, 기꺼이 한다'는 의미입니다.** 그런데 'ない'라는 부정어가 붙는 바람에 '어쩔 수 없이 억지로 한다'는 이미지가 정착되고 말았습니다.

鷹揚
おう よう

A ウチの部長の鷹揚な態度は、上司として失格だね。
ぶ ちょう　　たい ど　　　　　じょう し　　　しっ かく

우리 부장님의 대범한 태도는 상사로서 실격이야.

B ウチの部長の鷹揚な態度は、堂々として頼もし
ぶ ちょう　　たい ど　　　　どう どう　　　　た の

いよ。

우리 부장님의 대범한 태도는 당당하고 믿음직스러워.

한자를 잘 살펴보세요. 鷹揚의 鷹(매 응)는 조류 중에서도 '매', 揚(날릴 양)는 '높
おうよう　おう　　　　　　　　　　　　　　　よう

이 올라간다'는 뜻이므로 매가 하늘 높이 난다는 뜻입니다. 겉보기엔 별로 나쁜 뜻

일 것 같진 않은데…….

鷹揚는 '좀스럽게 굴지 않고 대범한 태도'를 뜻합니다.
おうよう

정답은 B

부하가 뜻을 모르고 사용한 단어 때문에, 상사 역시 지금 자기를 칭찬하고 있는 건지 질책하고 있는 건지 아리송해지는 좋은 예입니다. 鷹揚는 매가 하늘을 날듯이 **느긋하고 대범한 모양을 나타내는 말이랍니다.**

실격은커녕 오히려 이상적인 상사에 가깝다고 해야겠죠.

이 단어를 부정적인 의미로 착각하는 건, 아무래도 'おうよう'라는 발음 때문이 아닐까 싶습니다. 橫柄(거만함), 橫暴(횡포), 橫領(횡령) 등 'おう'가 붙은 단어는 회사에서 하면 안 되는 일을 가리키는 경우가 많아서 그중 하나일 거라 착각하는 사람이 많지 않을까요?

二^{ふた}つ返^{へん}事^じ

A 例^{れい}の仕^し事^{ごと}、快^{こころよ}く二^{ふた}つ返^{へん}事^じで引^ひき受^うけてくれたよ。

그 일은 흔쾌히 승낙해서 책임져 줬어.

B 例^{れい}の仕^し事^{ごと}、二^{ふた}つ返^{へん}事^じながら何^{なん}とか引^ひき受^うけてくれたよ。

그 일은 흔쾌히 어떻게든 책임져 줬어.

二^{ふた}つ返^{へん}事^じ라는 말을 들으면 귀찮은 듯이 "ハイハイ" 하고 대답을 두 번 반복하는 모습이 떠올라 내심 싫어하는 것처럼 들리지만, 초등학교에서 어린이들이 활기차게 손을 들면서 서로 대답하려는 장면을 한번 떠올려 보세요.

二^{ふた}つ返^{へん}事^じ는 '아주 흔쾌히 승낙하는 것'을 말합니다.

정답은 A

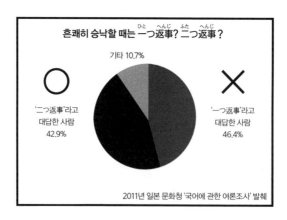

흔쾌히 승낙할 때는 一^{ひと}つ返^{へん}事^じ? 二^{ふた}つ返^{へん}事^じ?

기타 10.7%

○
'二つ返事'라고 대답한 사람 42.9%

✕
'一つ返事'라고 대답한 사람 46.4%

2011년 일본 문화청 '국어에 관한 여론조사' 발췌

초등학교 수업 시간에 선생님이 "이 문제 아는 사람?" 하고 물어보면 수많은 아이들이 너도나도 손을 번쩍 들며 "저요! 저요!"라고 대답하죠. 二つ返事^{ふた·へんじ}는 이런 식으로 긍정적인 대답을 두 번 반복하는 모습에서 나온 단어로, **적극적으로 OK를 한다는 뜻입니다.**

억지로 한다는 의미로 오용되고 있는 까닭은 '二の足を踏む(주저하다)'라든가 '二の舞(남의 실패를 반복함)'처럼 '二(두 이)'가 붙은 단어에 부정적인 뉘앙스가 많기 때문인 것 같습니다. "흔쾌히 승낙할 때는 대답을 한 번만 해야지"라고 주장하는 사람도 있는데, 아쉽게도 '一つ返事'라는 단어는 없답니다.

侃々諤々
かん かん がく がく

A 企画会議は侃々諤々、騒がしいだけで終わって
しまった。
き かく かい ぎ さわ お

기획 회의는 기탄없이 소란스럽기만 할 뿐으로 끝나고 말았다.

B 企画会議は侃々諤々、さかんにアイデアが飛び
き かく かい ぎ と
交った。
か

기획 회의는 기탄없이 활발하게 아이디어가 쏟아졌다.

사자성어는 본래 의미가 잘못 알려진 경우가 많은데, 이것도 그중 하나입니다.
侃々은 '성격이 강직한 사람', 諤々는 '곧은 말을 하는 사람'을 가리키기 때문에 보
かんかん がくがく
통은 긍정적인 의미로 사용됩니다.

侃々諤々는 '기탄없이 활발하게 토론하는 것'을 뜻합니다.
かんかんがくがく

정답은 B

회의에서 남의 눈치를 보지 않고 기탄없이 의견을 나누는 모습은 '侃々諤々'라고 하며, 줄여서 '侃諤'라고도 합니다. 비슷한 단어로 '喧々囂々'가 있지만, 이쪽은 시끄럽게 떠든다는 의미라서 쓰임새가 좀 다릅니다.

발음이 비슷하기 때문에 '侃々諤々'와 '喧々囂々'를 혼동하는 사람도 많고, 또 두 단어를 섞어서 '喧々諤々'라고 말하는 사람도 있는데, 전혀 틀린 말입니다. 하지만 컴퓨터로 'けんけんがくがく'라고 입력하면, 친절하게도 '喧々諤々'라는 잘못된 한자로 자동 변환해 줍니다. 그 까닭에 틀린 단어인 줄 모르고 쓰는 사람이 있는 것 같습니다.

流れに棹さす
（なが）（さお）

A わが社も、円安の流れに棹さして、業績を伸ばしたよ。
（しゃ）（えん やす）（ぎょうせき）（の）

우리 회사도 엔화 약세의 흐름을 타고 실적을 높였어.

B 円安の流れに棹さすような経営じゃ、時流に乗れないな。
（えん やす）（けい えい）（じ りゅう）（の）

엔화 약세의 흐름을 타듯 경영하면 시류에 편승 못해.

지금은 뱃사공이 배를 젓는 모습을 잘 볼 수 없죠? 棹는 뱃사공이 들고 있는 긴
（さお）
막대기, 즉 '노'를 말합니다. 노를 강바닥에 꽂아 힘차게 앞으로 나가면 배는 어떻게
될까요?

流れに棹さす는 '흐름을 타고 그 기세가 더 강해지는 것'을 말합니다.
（なが）（さお）

정답은 A

'流れに棹さす'를 흐름을 거스르거나 흐름을 막는다는 의미로 오해하는 사람이 상당히 많습니다. 정확한 뜻은 **흐름을 타고 기세가 강해지는 것입니다.**

'棹さす'가 흐름에 역행한다는 의미라고 착각하는 사람이 많은 이유는, 노를 강바닥에 꽂으면 저항이 생겨 배가 앞으로 나아가는 걸 막는다고 착각하는 사람이 많기 때문일 것입니다. 일본의 근대 소설가 나쓰메 소세키는 『草枕(풀베개)』라는 작품에 '情に棹させば流される(타인에게만 마음을 쓰면 휩쓸린다)'라는 문장을 썼습니다. 그래서 그런지 '棹さす'란 표현을 부정적으로 여기는 사람이 많은 듯합니다.

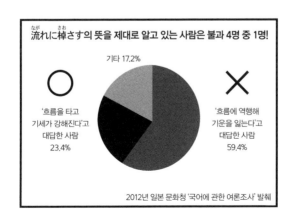

流れに棹さす의 뜻을 제대로 알고 있는 사람은 불과 4명 중 1명!

기타 17.2%

○
'흐름을 타고 기세가 강해진다'고 대답한 사람 23.4%

✕
'흐름에 역행해 기운을 잃는다'고 대답한 사람 59.4%

2012년 일본 문화청 '국어에 관한 여론조사' 발췌

名前負け
<small>な まえ ま</small>

課長 企画が競合になったのは仕方ないとしても、競合
相手は天下のS社だね。それだけでもう、名前負け
しそうだよ。

<small>か ちょう　　き かく　　きょうごう　　しかた　　きょうごう
あい て　てん か　しゃ</small>

과장님 　기획이 경합에 붙여진 것은 할 수 없다 쳐도, 경쟁 상대는 천하의 S사야.
　　　　그것만으로도 이미 이름값을 못하겠어.

단어 자체는 어려워 보이지 않습니다만, 가끔 틀리는 사람이 있습니다.

과연 상대의 이름에 진다는 뜻일까요, 아니면 자신의 이름에 진다는 뜻일까요?

名前負け는 '이름은 훌륭하나 내용이 그에 따라가지 못하는 것, 이름값을
<small>な まえ ま</small>
못하는 것'을 뜻합니다.

　　정답: 과장님은 틀렸습니다.

名前負けは 이름을 듣기만 해도 기가 죽을 정도라는 의미가 아닙니다. 올바른 뜻은 **이름이 너무 훌륭해서 능력(인물)이 그에 따르지 못하는,** 다시 말해 상대의 이름이 아니라 자신의 이름에 못 미치는 상태, 한마디로 이름값을 못하는 상태를 말합니다.

예를 들어, 일본의 가부키나 라쿠고의 명문가에서 태어나 '○대째 ○○○○'라는 유서 있는 이름을 물려받아도 실력이 그에 따라가질 못하는 경우에 "まだまだ名前負けしているな(아직 이름값을 못하는군)"처럼 쓰이는 것이죠.

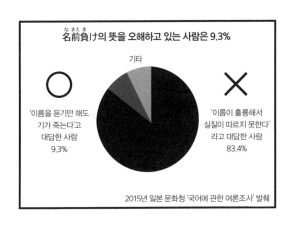

名前負け의 뜻을 오해하고 있는 사람은 9.3%

'이름을 듣기만 해도
기가 죽는다'고
대답한 사람
9.3%

기타

'이름이 훌륭해서
실질이 따르지 못한다'
라고 대답한 사람
83.4%

2015년 일본 문화청 '국어에 관한 여론조사' 발췌

方法論
（ほう ほう ろん）

A テーマは良かったのに、表現の方法がまずかった。
（よ）（ひょうげん）（ほうほう）

주제는 좋았는데, 표현 방법이 안 좋았어.

B テーマは良かったのに、表現の方法論がまずかった。
（よ）（ひょうげん）（ほう ほう ろん）

주제는 좋았는데, 표현의 방법론이 안 좋았어.

方法論보다 方法라고 말하면 좀 더 알아듣기 쉬울 것 같은데요…….
（ほうほうろん）（ほうほう）

方法論은 '방법을 토론하는 것'을 가리킵니다.
（ほうほうろん）

정답은 A

方法論은 원래는 철학 용어로, 사전에 따르면 '학문 연구의 방법에 관한 이론적 반성'이라는 어려운 말로 정의되어 있습니다. 회사에서는 좀 더 일상적으로 '○○ 방법에 대해서 논의하는 것 또는 논의된 사항'이라는 의미로 쓰입니다.

하지만 회사에는 'それは結果論だ(그것은 결과론이다)', '責任論になる(책임론을 따진다)'는 등 어디에나 論(논할 론)이라는 한자를 붙이고 싶어 하는 사람들이 많아서인지, 언제부턴가 方法라고 말해도 되는 걸 方法論이라고 말하는 사람이 많아진 것 같습니다. 최근엔 별로 위화감을 느끼는 사람도 없는 것 같은데, 여러분은 어떤가요?

さわり

A 時間_{じかん}がないので、冒頭_{ぼうとう}のさわりだけ聞_きかせてくれ。

시간이 없으니 모두 부분인 중요한 곳만 얘기해 줘.

B 時間_{じかん}がないので、ここというさわりだけ聞_きかせてくれ。

시간이 없으니 이거다 싶은 중요한 대목만 얘기해 줘.

さわり는 원래 '義太夫_{ぎだゆう}(일본 고유 악기 샤미센에 맞춰 시를 읊는 전통 예술, 일본의 중요 무형 문화재)'에서 가장 중요한 대목을 말합니다. 영화나 연극으로 치면 클라이맥스에 해당하죠.

さわり는 '시작'이라는 뜻이 아닙니다.

정답은 B

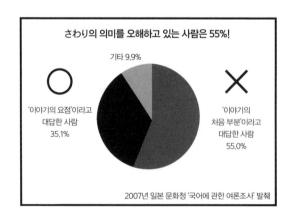

제4장 미처 그런 의미인 줄 몰랐던 회사 용어

さわり는 한자로 '触り'라고 씁니다. 그 때문에 '사물의 표면을 만지다'라는 본래 뜻에서 '처음 부분만 다루다'라는 식으로 의미가 잘못 전해진 것 같은데요, 정확한 뜻은 이야기의 가장 긴요한 부분, **회사에서는 가장 중요한 점이라는 의미로 쓰입니다.**

'처음 부분, 최초, 시작'이라는 의미가 아니니 주의하세요.

可及的
<small>か きゅう てき</small>

A　できるだけ、なるべく。

될 수 있는 한, 되도록.

B　急いで、速攻で。
<small>いそ　　　　そっ こう</small>

서둘러, 속도를 내서.

可及的<small>か きゅうてき</small>라는 말을 들어 본 적이 있을 것입니다.

이 단어는 잘 쓰이지 않기 때문에, 거의 예외 없이 '신속하게'라는 말과 세트로 사용합니다. 하지만 단독으로 쓰일 때의 의미는······.

可及的<small>か きゅうてき</small>에 '빠르게'라는 의미는 없습니다.

정답은 A

可及的_{かきゅうてき}는 이상한 단어입니다. 일본에서는 거의 대부분 '速_{すみ}やかに(신속하게)'란 단어와 함께 씁니다.

可及的短_{かきゅうてきみじか}く, 可及的易_{かきゅうてきやさ}しく라는 말은 별로 들어 본 적이 없습니다.

可及的_{かきゅうてき}란 말 자체는 **'될 수 있는 한, 가능한 한'이라는 의미**이지만, 速_{すみ}やかに라는 단어가 거의 고정적으로 따라붙기 때문에 可及的_{かきゅうてき}라는 말에 서두르거나 빨리 하라고 재촉하는 이미지가 정착해 버렸나 봅니다.

게다가 불이 붙어 빠르게 퍼지는 것처럼 엄청나게 급한 일을 뜻하는 火急_{かきゅう}라는 단어와 발음이 같다는 점 역시, 사람들이 可及的_{かきゅうてき}의 뜻을 착각하게 된 원인이 된 것은 아닐까요?

気が置けない

A 彼は気が置けない人だから、何でも話せるんだ。

그 사람은 친한 사람이니까, 무슨 얘기든 할 수 있다.

B 彼は気が置けない人だから、へたなことは話せないよ。

그 사람은 친한 사람이니까, 이상한 얘기는 하면 안 된다.

'置けない'라는 부정형으로 쓰이고 있어서, 좋은 뜻이라는 생각이 전혀 들지 않는 관용어구입니다. 이 표현의 뜻을 잘못 알고 있는 사람이 많은 것도 충분히 이해할 수 있습니다.

気が置けない는 '안심할 수 없다'는 의미가 아닙니다.

정답은 A

気が置けない는 **배려하거나 사양하지 않아도 좋다는 뜻**이니, 뭐든지 얘기할 수 있는 친한 사이를 가리킵니다. 하지만 '気が置けない'라는 말을 들으면 '気が置くことができない(마음을 놓을 수 없다)'처럼 생각해 '安心して心を許すことができない(안심하고 마음을 터놓을 수가 없다)'라는 의미로 착각하는 사람이 많더군요.

일상에서 "あの人は気が置けない人だから(그 사람은 친한 사람이니까)"라고 말했을 때, 상대가 뜻을 잘못 알고 있다면 험담하는 것처럼 들릴 수 있으니 주의하세요.

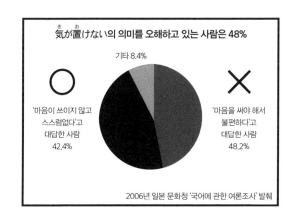

気が置けない의 의미를 오해하고 있는 사람은 48%

기타 8.4%

◯
'마음이 쓰이지 않고 스스럼없다'고 대답한 사람 42.4%

✕
'마음을 써야 해서 불편하다'고 대답한 사람 48.2%

2006년 일본 문화청 '국어에 관한 여론조사' 발췌

누가 더 높지?
회사 임원들의 직함에 대한 의문

보통은 오래 다닐수록, 점점 직급이 오르는 일본 회사에서는
위로 올라갈수록 직함이 복잡해집니다.

◎최근 자주 쓰이는 CEO, COO는 뭔가요?

미국식 직함입니다. CEO는 '최고경영책임자', COO는 '최고집행책임자'로 번역됩니다. 쉽게 말하면 경영 방침을 결정하는 것은 CEO, 그 경영 방침을 실행하는 책임자가 COO입니다.

◎相談役(상담역)와 顧問(고문)은 어떻게 다른가요?

회사의 경영에 관해 상담이나 조언을 하는 역할이라는 의미에서 相談役와 顧問은 거의 같지만, 일반적으로 相談役는 그 회사를 은퇴한 사람이 맡는 경우가 많고, 顧問은 보다 실무적인 지식이 필요하기 때문에 외부 사람을 초빙하는 경우가 많은 것 같습니다.

◎上席(상석)는 무슨 뜻?

上席라는 단어를 'かみせき'라고 읽으면 공연의 흥행을 뜻하지만, 'じょうせき'라고 읽으면 회사의 직급을 뜻합니다. 같은 직급이라도 보다 상위의 직급이라는 뜻이지요. 집행임원과 상석집행임원이 있으면 당연히 상석집행임원이 더 윗사람입니다.

◎課長補佐(과장보좌)와 課長代理(과장대리) 중에 어느 쪽이 더 높나요?

일본에서 자주 쓰이는 명칭이지만, 많이들 혼동하는 단어죠. 課長補佐는 어디까지나 과장을 서포트하는 역할로, 과장으로서의 결재권은 없습니다. 하지만 課長代理는 과장을 서포트하는 역할은 같지만, 과장이 부재일 경우에는 결재 대행권이 있습니다. 일반적으로 과장의 직급에 보다 가까운 것은 課長代理입니다.

제5장

잘 가려 쓰면
높이 평가 받는
동음이의어

문서를 작성할 때 가장 곤란한 동음이의어.
발음이 같으니, 한자를 변환하려면 후보가 여러 개 나옵니다.
알고 있는 것 같아도 사실은 잘 모르는 동음이의어의
미묘한 차이를 마스터해 봅시다.

이 안건은 부장님의 결재가 필요하다.

A　この案件は部長の決済が必要だ。
<small>あん けん　　　 ぶ ちょう　 けっ さい　　 ひつ よう</small>

B　この案件は部長の決裁が必要だ。
<small>あん けん　　　 ぶ ちょう　 けっ さい　　 ひつ よう</small>

둘 다 비즈니스 사회에서는 자주 쓰이는데 잘못 쓰기 쉬운 단어입니다. 쉽게 말해 決済(결제)는 '돈을 지불하는 것'입니다. "クレジットカードで決済してください (신용카드로 결제해 주세요)", "月末までに決済するように(월말까지 결제하도록)"라고 말할 때 쓰입니다.

決裁(결재)는 裁判(재판)의 裁(마를 재)가 쓰였으니, 부하가 제출한 안건에 대해 상사가 좋고 나쁨을 결정하는 것을 말하는 것입니다. 決済(결제)는 '돈에 관한 것', 決裁(결재)는 '허가를 받는 것'이라고 반드시 기억해 둡시다.

　　정답은 B

회의실을 확보해 두었습니다.

会議室を押さえておきました。

会議室を抑えておきました。

의외로 어느 쪽이 맞는지 고민하게 되는 경우입니다.

押さえる는 힘을 들여 움직이지 않게 하는 것, 다시 말해 확보한다는 뜻이기 때문에 '会議室を押さえる(회의실을 확보하다)'가 정답입니다. 'ホテルを押さえる(호텔을 확보하다)', '要点を押さえる(요점을 파악하다)'도 이쪽이 맞습니다.

한편 抑える는 抑制(억제)라는 단어가 있듯이, '要求を抑える(요구를 억제하다)', '興奮を抑える(흥분을 억누르다)' 등 일반적으로는 눈에 보이지 않는 감정을 대상으로 많이 쓰입니다.

정답은 A

경비를 정산하다.

A 経費を清算する。

B 経費を精算する。

清算(청산)은 '채무를 갚는 것', 다시 말해 '과거의 관계 등을 백지로 돌리는 것'을 말합니다. '男女の関係を清算する(남녀 관계를 청산하다)' 등과 같이 쓰입니다. 이에 비해 精算(정산)은 '금액의 과부족을 상세하게 계산하는 것'을 말하며, 精(정할 정)에는 '精通(정통)', '精査(정사)'처럼 상세하다는 의미가 있습니다. 역의 개찰구 근처에 있는 것은 '精算窓口(정산 창구)'입니다. 출장비, 접대비 등과 같은 회사의 경비는 精算한다는 것을 기억해 두세요.

정답은 B

회사를 만들려고 하는 취지는 뭔가?

A 会社をつくる趣旨は何かね?

B 会社をつくる主旨は何かね?

구분해서 사용하기 어려운 대표적인 동음이의어입니다. 趣旨(취지)는 '문장이나 이야기에서 말하려고 하는 바', 또 '무언가를 하려고 하는 목적, 이유'입니다.

그런데 主旨(주지) 또한 '문장이나 이야기에서 말하려고 하는 중심이 되는 논점'을 뜻하기 때문에 구별이 쉽지는 않습니다.

예로 든 문장의 경우에는 회사를 만들려고 하는 목적, 이유를 묻고 있으니 이런 경우에는 趣旨(취지)가 일반적입니다. 문장이나 이야기에서 말하고 싶은 것은 '趣旨を述べる(취지를 말하다)', '主旨を述べる(주지를 말하다)'처럼 거의 같은 의미로 사용되기 때문에, 일본의 신문사에 따라서는 자체적으로 趣旨(취지)로 통일해서 쓰기도 합니다.

정답은 A

드디어 회의에서 해방되었어.

A ようやく、会議から解放されたよ。
B ようやく、会議から開放されたよ。

解放(해방)는 '속박된 상태에서 자유롭게 되는 것'이므로 회사에서 '会議から解放された(회의에서 해방되었다)', '部長のお供から解放された(부장님 옆자리에서 해방되었다)'와 같이 자유롭지 않았던 상태가 끝났을 때, 정말 힘들었음을 토로하면서 쓰이는 경우가 많습니다.

開放(개방)는 문자 그대로 '활짝 여는 것'이니, 회의실 문에 '開放厳禁(개방엄금)'이라고 메모를 붙이거나 "ウチの社風は開放的だ(우리 회사는 개방적인 분위기다)"라고 말할 때 쓰면 됩니다.

정답은 A

사장님을 대신해 출석한다.

A 社長に代わって出席する。

B 社長に替わって出席する。

'かわる'란 동사도 동음어가 많다 보니 뜻을 구분해서 쓸 때 고민이 많이 되는 단어입니다.

회사에서 자주 쓰이는 代わる는 '어떤 사람의 역할을 대신한다'는 의미로 쓰이는 경우가 많습니다. '社長の代わりに出席する(사장님 대신에 출석한다)' 또는 '部長の代わりを任された(부장님 대신 맡았다)' 등 代理(대리), 代行(대행)의 뉘앙스가 강합니다.

替わる는 교체한다, 바꾼다는 의미가 강해서 '担当が替わります(담당자가 바뀝니다)' 등과 같이 쓰입니다. 이 두 단어도 상당히 구분이 어려우므로 헷갈릴 경우에는 그냥 'かわる'라고 히라가나로 쓰는 걸 추천합니다.

정답은 A

기획서를 개정하다.

A 企画書を改定する。

B 企画書を改訂する。

改定(개정)의 定는 '정한다', '결정한다'는 뜻이므로, 기존의 결정을 고치는 경우에 쓰입니다. '給与の改定(급여 개정)', '旅費規程の改定(여비 규정 개정)'과 같은 경우에 이 단어를 사용합니다. 한편 改訂(개정)의 訂는 문자나 단어가 틀린 것을 '바로잡는다'는 의미이기 때문에, 서류나 문서의 내용을 다시 쓰는 경우에 사용합니다. '改訂版(개정판)'일 경우에 이 단어를 쓰죠.

정답은 B

훗, 인생에 改訂는 없다네.

진부한 표현……

그 건은 다음 주 회의에 부쳐 보자고.

A その件は、来週の会議に諮ってみよう。
B その件は、来週の会議に図ってみよう。

'はかる'도 동음 한자가 많아서 무엇을 써야 할지 헷갈리는 경우가 많습니다. 諮る는 '의견을 구하다', '상담한다'는 의미로, '会議に諮る(회의에 상정하다)', '役員会に諮る(간부 회의에 의견을 구하다)' 등과 같이 쓰입니다.

이에 비해 図る는 '계획을 세운다', '도모한다'는 의미이기 때문에, '合理化を図る(합리화를 도모하다)', '解決を図る(해결을 도모하다)' 등의 경우에 쓰입니다.

'はかる'는 그 밖에도 計る, 測る, 謀る처럼도 쓰기 때문에, 정확한 의미를 구분하기 어려운 경우도 있습니다. 이 단어 또한 헷갈릴 경우에는 'はかる'라고 히라가나로 쓰는 것이 하나의 방법입니다.

정답은 A

기획서에 회사 안내를 첨부하다.

A 企画書に、会社案内を添付する。

B 企画書に、会社案内を貼付する。

'てんぷ'에는 두 개의 한자 표기가 있습니다. 添付(첨부)는 '서류에 같이 넣는 것'을 의미해, '明細を添付する(명세를 첨부하다)' 등으로 쓰입니다. 貼付(첨부)는 '서류에 붙이는 것'이므로, '履歴書に顔写真を貼付する(이력서에 얼굴 사진을 첨부하다)'와 같이 쓰입니다. 이 경우에는 회사 안내를 붙이는 것이 아니기 때문에 添付가 정답입니다.

단, 貼付는 본래 'ちょうふ'라고 읽습니다. 貼(끈적할 점)이 点(점 점) 또는 店(가게 점)과 생김새가 비슷해서, 다들 관용적으로 'てんぷ'라고 읽고 있습니다. 'ちょうふ'라고 바르게 읽으면 두 단어를 확실하게 구별할 수 있을 텐데 말이죠.

정답은 A

벌써 식사는 하셨습니까?

A もう、食事は取りましたか？

B もう、食事は摂りましたか？

'とる'라고 읽는 단어도 상당히 많기 때문에 혼동하기 쉽지만, 그중 가장 많이 쓰이는 단어는 取る입니다. '손에 넣다', '내 것으로 만든다'는 의미가 있기 때문에 '食事を取る(식사를 취하다)'도 기본적으로는 맞는 말입니다. 하지만 摂る라고 표기할 때에는 '여러 가지를 합쳐서 받아들이다', '섭취하다'라는 의미를 갖기 때문에 식사의 경우에는 摂る라고도 씁니다.

하지만 摂(당길 섭)는 일본의 상용한자표에 없는 한자이기 때문에, '식사를 하다'라는 뜻을 표현할 때에는 일반적으로 取る 또는 とる라고 표기하는 경우가 많은 듯합니다.

A와 B 모두 정답. 일반적으로 A가 많이 쓰입니다.

옛날을 그리워하는 것은 복고 취미다.

A 昔_{むかし}をなつかしむのは回顧_{かいこ}趣味_{しゅみ}だ。

B 昔_{むかし}をなつかしむのは懐古_{かいこ}趣味_{しゅみ}だ。

回顧(회고)는 '되돌아보거나 다시 생각하는 것'을 뜻합니다. '昭和の時代を回顧する(쇼와 시대를 회고하다)'와 같이 씁니다. '小津安二郎回顧上映(오즈 야스지로 회고 작품 상영)'도 이쪽입니다. 그에 비해 懐古(회고)는 영어로 말하면 '노스탤지어, 과거를 그리워하는 것'을 뜻합니다. 懐古趣味(복고 취미)라든가 懐古調(복고풍) 같이 쓰입니다.

※오즈 야스지로: 일본의 영화감독으로, 일본 영화계의 3대 거장입니다. ─역자 주

정답은 B

좀 여쭤보고 싶은 게 있습니다.

A 少しお尋ねしたいことがあります。
B 少しお訊ねしたいことがあります。

尋ねる, 訊ねる 모두 질문을 한다는 뜻이지만, 訊ねる는 약간 '따지듯 묻는다'는 뉘앙스가 강하게 있습니다. 따라서 윗사람에게는 訊ねる가 아니라 尋ねる를 쓰는 사람이 많은 것도 이해가 됩니다.

또한 訊ねる의 訊(물을 신)은 상용한자가 아니어서, 신문에서는 기본적으로 尋ねる로 표기가 통일되어 있습니다. 회사의 공식 문서 등에서도 'たずねる'라는 단어를 사용할 경우에 尋ねる라고 쓴다면 문제없을 것입니다.

A와 B 모두 정답. 일반적으로는 A가 쓰입니다.

그의 인격은 내가 보증하겠다.

A 彼の人柄については、私が保障する。

B 彼の人柄については、私が保証する。

保障(보장)은 '피해를 받지 않도록 지키는 일'로 安全保障(안전보장), 社会保障(사회보장)이라는 단어에 쓰입니다. 그에 비해 保証(보증)는 '책임지고 약속한다', '괜찮다고 보증한다'라는 뜻입니다. 保証人(보증인), 品質保証(품질보증)의 경우에 사용합니다. 그러므로 이 경우에는 B가 정답입니다.

또 하나 補償(보상)라는 동음이의어도 있는데, 이쪽은 손해를 갚는다는 의미이므로 상품의 결함 때문에 생긴 손실을 변상하는 경우에 사용합니다.

정답은 B

결혼을 축하드립니다.

A ご結婚をお喜び申し上げます。

B ご結婚をお慶び申し上げます。

'よろこぶ'는 喜ぶ, 慶ぶ, 悦ぶ, 歡ぶ와 같이 해당하는 한자가 여럿 있어서 어떤 때에 어떤 글자를 사용하면 좋을지 망설이게 됩니다. 상용한자표에서 'よろこぶ'의 표준이 되는 글자는 喜ぶ이기 때문에, 대부분의 경우에 喜ぶ라고 쓰면 큰 문제는 없습니다.

참고로 慶び는 慶事(경사), 慶賀(경하)라는 표현처럼, 관혼상제 중에서도 특히 결혼식과 관련 있는 경우에 사용합니다.

A와 B 모두 정답. 결혼을 축하하는 경우에는 B도 자주 쓰입니다.

이 기계는 5년 지나면 감가상각할 예정이다.

A この機械は5年で原価償却する予定
だ。

B この機械は5年で減価償却する予定
だ。

原価(원가)는 '물건을 들여올 때의 가격'을 뜻합니다. 減価(감가)는 '기계나 비품 등의 자산 가치가 사용하면 할수록 떨어지는 것'을 뜻해, 減価償却(감가상각)의 경우에는 B가 정답입니다.

이 단어를 잘못 쓰는 사람이 많은 것은 문서를 입력할 때 'げんかしょうきゃく'라고 한꺼번에 입력하면 되는데, 'げんか'와 'しょうきゃく'를 따로 입력해 그만 原価償却(원가상각)으로 바뀌어 버리기 때문이 아닐까 싶습니다. 그중에는 '原価焼却(원가소각)'이라고 웃지 못할 실수를 하는 경우도 있으니 조심하도록 하세요.

정답은 B

지혜를 짜내 좋은 안을 생각합니다.

A 智恵を絞っていい案を考えます。

B 智恵を搾っていい案を考えます。

'しぼる'에 해당하는 한자는 이 두 가지인데요, 과연 어떻게 다를까요?

絞る는 '실 같은 것을 교차시켜서 그 안에 있는 것을 꺼낸다'는 것이 원래 의미입니다. '雑巾を絞る(걸레를 짜다)', '智恵を絞る(지혜를 짜내다)'처럼요. 또한 널리 퍼져 있는 것을 간추린다는 의미도 있어서 '音量を絞る(음량을 줄이다)', '人数を絞る(인원수를 추리다)'라고 말할 때에도 쓰입니다.

搾る는 손으로 눌러서 즙을 짜내는 것을 말하므로, '牛乳を搾る(우유를 짜다)', 'レモンを搾る(레몬을 짜다)'에 쓰이는 것이 대표적입니다. 참고로 '部下をしぼる(부하를 야단치다)'라고 말할 경우에는 絞る라고 쓰지만, 이건 별로 쓰고 싶지 않은 용례이긴 하네요.

정답은 A

내일 있을 프레젠테이션은 총동원 태세로 임한다.

A 明日のプレゼンは、総動員態勢で
臨む。

B 明日のプレゼンは、総動員体制で
臨む。

態勢(태세)일까요, 体制(체제)일까요? 이것도 구분이 상당히 어려운 단어죠. 態勢는 어떤 일이나 상황을 앞둔 태도나 자세라는 뜻으로, 어떤 일에 대한 몸가짐이라는 의미로 사용됩니다. 体制는 조직이나 제도를 의미하기 때문에, 예를 들어 사장이 요시다 씨 한 명일 경우, '吉田ワンマン体制(요시다 원맨 체제)'와 같이 사용합니다. 주로 자세를 말하느냐 조직을 말하느냐에 따라 구분해서 사용하면 됩니다. 예문은 내일 있을 프레젠테이션에 대한 자세를 말하고 있으니, 여기서는 態勢를 쓰는 것이 일반적입니다.

정답은 A

복리후생의 일환으로 보양소를 신설한다.

A 福利厚生の一環として、保養所を新設する。

B 福利厚生の一貫として、保養所を新設する。

一環(일환)의 環(돌아올 환)은 바퀴(輪)의 형태를 나타내기 때문에, 一環은 '톱니바퀴처럼 맞물리는 일부분'이라는 의미라서 "プロジェクトの一環として(프로젝트의 일환으로서)"와 같이 쓰입니다.

그에 비해 一貫(일관)은 貫(꿸 관)이 '관통한다, 꿰뚫는다'는 의미이므로, 처음부터 끝까지 하나의 사고방식을 일관하는 것을 나타내고 "一貫して経理畑を歩んだ(쭉 경리 분야를 담당했다)"와 같이 쓰입니다.

정답은 A

참치 초밥 나왔습니다!

싯가입니다.

참치 초밥은 一貫만.

※여기서 '貫'은 초밥을 세는 단위입니다. -역자 주

조금 전 설명을 보충합니다.

A 先ほどの説明を捕捉します。
B 先ほどの説明を補足します。

두 단어의 한자 생김새가 상당히 비슷해서 한자 변환 실수를 깨닫지 못하는 경우가 많습니다. 捕捉(포착)는 捕(기울 보/포)도 捉(잡을 착)도 모두 'とらえる'라고 훈독하기 때문에, '붙잡는다'는 의미입니다. '勤務実態を捕捉する(업무 실태를 포착한다)'와 같이 사용됩니다.

한편 補足(보족)는 글자 그대로 '덧붙여서 보충한다'라는 뜻이므로, 예시로 든 문장처럼 '説明を補足する(설명을 보충한다)'라고 쓰는 경우에 사용합니다.

참고로 補則(보칙)이란 단어도 있는데, 이것은 규정집의 마지막에 추가되는 규칙을 가리킨답니다.

정답은 B

차기 임원으로는 그를 추천할 생각이다.

A 次期役員には、彼を薦めるつもりだ。
B 次期役員には、彼を勧めるつもりだ。

薦める와 勧める 두 단어 역시 구분이 어려운 동음이의어 중 하나입니다.

사전을 보면 薦める는 사람이나 물건을 채용하도록 진언하는 것이라고 나와 있습니다. 예문 또는 '和食なら、あの店をお薦めします(일식의 경우엔 그 가게를 추천합니다)' 등과 같이 씁니다.

이에 반해 勧める는 자신이 좋다고 생각하는 것을 다른 사람에게 권유한다는 의미이므로, '入会を勧める(입회를 권유하다)', '迅速な行動を勧める(신속하게 행동하길 권하다)'와 같은 경우에 사용한답니다.

사람이나 물건을 추천할 땐 薦める, 행동을 권유할 땐 勧める를 쓴다고 기억해 두세요.

정답은 A

두 가지 일이 나란히 진행되었다.

A 二つの仕事が並行して進んでいった。

B 二つの仕事が平行して進んでいった。

구분이 특히나 어려운 단어죠. 並行(병행)에는 나란히 가거나 동시에 이루어진다는 뜻이 있습니다. '道路と線路が並行している(도로와 선로가 나란하다)', '二つの仕事が並行して進む(두 가지 일을 병행해 진행하다)'와 같이 사용됩니다. 平行(평행)은 수학적으로 두 개의 직선이 나란히 있어 서로 만나지 않는 것을 뜻하는데, 並行와 平行는 상당히 비슷합니다. 사전에 따라서는 두 단어에 같은 뜻도 있다고 쓰여 있습니다. 따라서 예문의 경우, 보통은 並行가 맞지만 平行도 틀렸다고 단언할 수는 없답니다.

정답은 A, 하지만 B도 틀렸다고 할 수 없습니다.

사장님의 이야기를 주의해 들었다.

A 社長の話を慎んでお聞きした。
B 社長の話を謹んでお聞きした。

慎む와 謹む 모두 'つつしむ'라고 읽으며, 둘 다 상용한자여서 자주 쓰입니다. 그만큼 변환 실수도 많은 단어죠. 慎む는 '실수를 하지 않도록 주의하다, 삼가다'라는 뜻입니다. '言葉を慎む(말을 삼가다)', '酒を慎む(술을 삼가다)'라고 씁니다. 그에 반해 謹む는 謹賀新年(근하신년), 謹言(근언)처럼 '경의를 표하다'라는 의미가 있으므로, 예문처럼 윗사람에 대한 행동을 가리키는 경우에는 謹む가 정답입니다.

정답은 B

편재

A 遍在
へん ざい

B 偏在
へん ざい

회사에서는 별로 사용하지 않지만, 수많은 동음이의어 중에서도 완전히 정반대의 뜻을 가진 상당히 희귀한 경우를 소개할까 합니다.

遍在(편재)의 遍(두루 편)은 '널리, 보편적으로'라는 뜻이므로, 널리 퍼져 존재한다는 뜻입니다. 그에 반해 偏在(편재)의 偏(치우칠 편)은 '치우치다'는 의미라서 편중되어 어느 특정 장소에만 많이 존재한다는 뜻입니다.

遍在와 偏在는 발음이 같고 한자도 비슷하지만, 의미는 완전히 반대입니다. 사용할 기회는 적지만 알아 두면 좋을 것 같네요.

회석요리 / 가이세키 요리

A 会席料理
かい せき りょう り

B 懐石料理
かい せき りょう り

상사에게 "今夜は接待でカイセキ料理。君も来い(오늘 저녁은 접대로 가이세키 요리를 먹을 거야. 자네도 와)"라는 말을 들으면 어떤 요리를 상상하게 되나요? 会席는 원래 '모여서 시를 짓거나 읽는 자리'를 말하고, 会席料理란 '술과 함께 구이, 찜 등을 코스로 먹는 연회 요리'를 말합니다.

그에 반해 懐石料理는 원래는 '찻집에서 차를 내오기 전에 내놓는 간단한 요리'를 가리켰습니다.

지금은 비슷한 의미로 사용되고 있지만, 会席料理는 술을 즐기고 懐石料理는 차를 즐긴다는 차이도 있다고 합니다.

サイトウさんは 어떻게 쓰지?
헷갈리는 동음이의어 이름

사회인이 되면 명함을 교환할 기회가 갑자기 늘어납니다.

상대의 이름을 기억하는 것은 비즈니스의 첫걸음이므로 항상 바르게 읽고 잊어버리지 않는 것이 중요하겠죠.

주의해야 할 점은 읽는 방법은 같은데 한자가 다른 동음이자(同音異字) 이름입니다.

◎ 모두 다 サイトウさん

サイトウ의 サイ는 斉와 斎 어느 쪽으로 쓰든 상관없냐고 생각하는 사람이 많은데, 一斉(일제)라는 단어가 있듯이 斉(가지런할 제)는 동등하다는 뜻입니다. 하지만 斎(재계할 재)는 書斎(서재)처럼 수련이나 학습을 위해 틀어박히는 방이라는 의미이므로, 이 두 한자는 완전히 다른 글자입니다.

자신을 'サイトウ입니다'라고 소개하는 사람이 있으면 한자로 斉藤인지 斎藤인지 꼭 확인하도록 합시다.

게다가 サイトウ라고 발음하는 이름에는 이 두 가지 표기 외에도 齋藤, 齊藤, 才藤, 西富 등 무려 30 종류에 가까운 표기법이 있습니다. 메일 및 연하장 등을 쓸 때에는 받는 사람의 이름에 세심한 주의를 기울이도록 합시다.

◎ ワタナベさん과 スズキさん도 방심할 수 없다고요?

마찬가지로 ワタナベ도 渡辺, 渡邊, 渡邉, 渡部, 渡鍋, 亘鍋처럼 여러 가지 표기가 있습니다.

スズキ도 鈴木만 쓰지 않습니다. 상당히 드물지만 須々木, 鱸라고 표기하기도 합니다.

그러니 일본 사람의 이름을 어림짐작으로 외우면 큰일 나겠죠?

제6장

이제 와서
물어보기 민망한
회사 용어

회사는 아리송한 단어가 오가는 세계.
의미를 아는 것과 모르는 건 하늘과 땅 차이.
사내 커뮤니케이션에 뒤처지지 않도록 주의하세요.

□ 午後イチ │ 오후 첫 시간

'午後いちばんに'의 준말. 대개 점심시간이 끝나는 13시를 가리키는 경우가 많아서 오후 1시일 거라고 착각하는 사람들이 많은데, 어디까지나 오후 시간 중 가장 이른 시간이라는 의미입니다. 따라서 사람에 따라서는 2시라고 여기는 경우도 있으니 주의가 필요하답니다.

□ カンパケ │ 완전 포장, 작업 완료

完全의 'カン', 'パッケージ(package)'의 'パケ'를 조합한 단어로, 완전히 포장까지 끝냈다는 뜻을 나타내는 준말입니다. 예를 들어 CF 제작의 경우에는 영상, 나레이션, 음악, 효과음 등 모든 작업이 완료돼 언제든지 방송을 내보낼 수 있는 상태를 말합니다. 최근에는 스마트폰의 데이터 양을 가리키는 パケット(packet)를 'パケ'라고 부르기도 합니다.

□ ペラいち │ A4 한 장, 원 페이퍼

상사가 "企画書、ペラいちでいいからまとめておいて(기획서를 원 페이퍼라도 괜찮으니까 정리해 뒤)"라고 명령했다면 이것은 '종이 1장, 원 페이퍼'라는 의미입니다. 회사에서 사용하는 종이는 A사이즈와 B사이즈가 있지만, 최근에는 A사이즈만 사용하는 회사가 더 많기 때문에 ペラいち는 보통 'A4사이즈 종이 한 장'이라는 의미입니다. A3 1장을 ペラいち라고 부르는 경우는 없거든요.

□ 出禁 | 출입 금지

'出入り禁止(출입 금지)'라는 뜻입니다. 특히, 어떤 연유로 거래처를 화나게 해서 그 회사의 입구에도 들어가지 못하게 된 상황을 말합니다. 정확하게 말하려면 入禁(입장 금지)이지만, 보통 出禁이라고 줄여서 씁니다.

□ ググる | 구글 검색

대규모 검색 사이트인 구글(Google) 검색을 한다는 뜻입니다.

젊은이들 사이에서 만들어진 단어인데, 최근에는 회사에서도 "分からなければすぐにググってみろよ(모르겠으면 바로 구글에서 검색해 봐)"라고 사용합니다. 야후(Yahoo!)로 검색하는 것은 'ヤフる'라고 하지만, ググる만큼 널리 쓰이지는 않습니다.

□ リスケ | 일정 재조정

'スケジュール(schedule)'에 '다시'라는 뜻의 접두어 're'를 붙인 'リスケジュール(reschedule)'의 준말. 회사에서는 '일정 재조정'이라는 의미로 사용됩니다.

☐ NR(ノーリターン) ┃ 현지 퇴근

거래처에 갔다가 회사로 돌아오지 않고 그대로 집으로 가는 '直帰(현지 퇴근)'를 일본식 영어로 ノーリターン(NR)이라고 합니다. 집에서 직접 거래처로 가는 것은 '直行(직행)'라고 하는데, 이것은 따로 영어식 표현이 존재하진 않습니다. 直行보다 直帰가 왠지 모르게 더 찜찜한 기분이 있어서 굳이 영어식 표현을 쓰는 건지도 모릅니다.

☐ 前株 ┃ 회사명 앞에 온 주식회사 표기, (주)○○○○

회사 이름 중에 '株式会社(주식회사)' 표기가 앞에 오는 것을 前株라고 합니다. 쓸 때는 '(株)○○○○'라고 표기합니다. 주식회사가 뒤에 붙을 때에는 後株라고 하며, ○○○○(株)라고 표기합니다. 참고로 中株라는 말도 있다고 하는데, '○○○○(株)○○○○'라고 표기하는 걸 가리키겠지만 지금까지 본 적은 없습니다. 이런 경우에는 세금 계산서 등을 주고받을 때 다소 귀찮을 것 같네요.

□ てれこ | 거꾸로, 뒤바뀜

본래는 가부키에서 서로 다른 두 이야기를 하나로 묶어 한 막씩 걸러 번갈아 공연하는 것을 가리키지만, 요즘 회사에서는 주로 '거꾸로, 뒤바뀜'이라는 뜻으로 쓰입니다. 'テレコ'라고 가타카나로 쓰면 테이프 레코더를 가리키지만, 지금은 테이프 레코더 자체가 별로 없죠.

□ 丸める | 하향 조정

끝수를 버리고 딱 떨어지는 숫자로 바꾸는 것. 예를 들어 215,000엔라는 견적 금액을 "少し丸めてよ(조금 깎아 줘)"라고 하면 210,000엔이 될 수도 있고 200,000엔이 될 수도 있으니 주의하세요. 어떤 식으로 丸める할지를 그 자리에서 확인하지 않으면 나중에 당혹스러워질 수도 있습니다.

□ たたき台 | 시안

앞으로 더 다듬어서 보다 좋게 하기 위한 원안, 시안이라는 의미로, "明日までに、たたき台でいいから用意してくれ(내일까지 시안 상태라도 좋으니, 준비해 줘)"처럼 사용합니다. 원래는 노점상이 'たたき売り(좌판에 물건을 쌓아 두고 싼값에 파는 일)'를 할 때 사용하던 진열대를 가리키는 것이었는데, 그 뜻이 변해 '검토를 하기 위한 시안'이라는 의미로 쓰이고 있답니다.

□ 棚卸し | 재고 정리

결산일에 상품 및 제품의 재고 수량을 세고 재고 금액을 계산하는 일, 즉 '재고 정리'라는 뜻입니다. 발음은 같은데 '店卸し'라고 쓰는 경우도 있습니다. 재고 상품을 선반에서 내린다고 착각해서 '棚降ろし'라고 쓰는 사람도 있지만, 틀린 표현입니다.

□ とっぱらい ｜ 증빙 자료 없는 비용 지급

방송 업계나 광고 업계에서 쓰이는 경우가 많습니다. 일을 해 준 사람에게 청구서나 영수증 같은 증빙 자료 없이 비용을 지급하는 것을 뜻합니다. 증빙 자료를 '取_とり払_{はら}う(치운다)'는 뜻에서 비롯한 표현입니다. 담당자가 아르바이트 비용을 처리하기 귀찮을 때 가끔 이런 방법을 사용하기도 합니다.

□ 上様_{うえさま} ｜ 회사명을 대신하는 높임말

음식점 등에서 회사 이름으로 영수증을 받을 때 정확한 회사명 대신에 쓰는 높임말입니다. 예전에 어떤 가게에서 아르바이트생에게 "宛名_{あてな}は上様_{うえさま}で(회사명은 上様로 해 주세요)"라고 부탁하니 받는 사람을 적는 칸에 'ウエ様_{さま}'라고 가타카나로 써 주더군요. 제가 외국인으로 보였을까요? 지금까지도 의문으로 남아 있습니다.

□ 下駄_{げた}をはかせる ｜ 견적 금액 상향 책정

실제보다 점수나 숫자를 올리는 것. 회사에서는 상대가 가격 할인을 요구할 것을 미리 예상하고 사전에 견적 금액을 조금 높게 책정하는 것을 말합니다.
"多分_{たぶん}ディスカウントを言_いってくるから、少_{すこ}し下駄_{げた}をはかせておけ(아마 비용을 깎아 달라고 할 테니 조금 높게 책정해 두게)"처럼 씁니다.

□ ありなし ｜ 여러 가지 시안

기획서나 제안서를 쓰면서 '있는 것이 나은 것', '없는 것이 나은 것'에 대한 판단이 명확하게 서지 않을 때, 일단 'ありバージョン(있는 버전)'과 'なしバージョン(없는 버전)'으로 두 개의 안을 준비하는 경우 사용합니다.
선택지가 복수인 경우, 'ありあり案_{あん}(있는-있는 버전)', 'ありなし案_{あん}(있는-없는 버전)', 'なしあり案_{あん}(없는-있는 버전)', 'なしなし案_{あん}(없는-없는 버전)'……처럼 작업물은 끝도 없이 늘어납니다.

□ コピペ │ 복사해 붙여넣기, ctrl+c・ctrl+v

'copy and paste(コピー・アンド・ペースト)'의 준말.
컴퓨터에서 데이터를 복사하고 다른 곳에 붙여 넣는 일을 말합니다. 'paste'가 '풀'이라는 뜻이므로, 글자 그대로 '붙인다'는 뜻이 됩니다.

□ ホウレンソウ │ 보고・연락・상담

회사 생활을 하면서 한 번쯤은 들어 본 적이 있죠? 일을 진행할 때 기본이 되는 중요한 항목을 말합니다. 報告(보고)・連絡(연락)・相談(상담)의 머리글자를 딴 단어입니다.
최근에는 相談보다 스스로 직접 생각해서 "これでいいでしょうか(이렇게 해도 괜찮을까요)?"라고 확인을 받는 것이 직원의 역량 향상에 더 도움이 된다는 사고방식에서 確認(확인)・連絡(연락)・報告(보고)의 머리글자를 따서 'カクレンボウ'라는 말도 등장했다는군요.
※ホウレンソウ는 시금치, カクレンボウ는 숨바꼭질입니다. – 역자 주

□ ならび │ 원천징수세액을 포함한 견적 금액

일반적으로 개인에게 비용을 지급하는 경우, 일본에서는 총액의 10%를 원천징수로 뗀 뒤에 지불합니다. 그런데 ならび는 원천징수세액을 차감한 다음에도 처음 제시했던 금액을 받게 하기 위해 숫자를 조정하는 것을 말합니다. 예를 들어, 80,000엔을 지급하기로 했다면 개인이 80,000엔을 오롯이 받게 하기 위해 청구서의 금액을 88,888엔으로 하는 것을 말합니다.

□ **根回し** | 사전 교섭, 물밑 작업

_{ね まわ}

일을 진행하면서 보이지 않는 곳에서 관계자들의 양해를 구하기 위해 움직이는 일, 즉 사전 교섭이나 물밑 작업을 뜻합니다. 원래는 나무를 옮겨 심을 때 뿌리 주변을 파서 큰 뿌리는 남기고 잔뿌리들을 잘라내는 것을 말했습니다. 사전 교섭을 잘하는 사람을 적으로 돌리면 혼자만 고립되므로 주의가 필요하답니다.

□ **色をつける** | 정해진 보수보다 많이 지급하는 것

_{いろ}

회사에서는 정해져 있던 보수보다 조금 더 많이 지급하는 것을 말합니다.
"よく頑張ってくれたから、少し色をつけておいたよ(열심히 일해 주어서, 조금

_{がん ば} _{すこ いろ}

더 챙겼어)"라는 식으로 사용합니다.
"色をつけたよ(좀 더 챙겼어)"라는 말을 듣고 "どうせ俺はムショクだよ(어차피

_{いろ} _{おれ}

나는 그게 그거야)"라고 대답한 사람이 있었다고 하는데, 정말 훌륭한 대답이 아닌가요?

※無色(무색)와 無職(무직)는 모두 ムショク라고 발음합니다. – 역자 주

□ **お茶をひく** | 비수기

원래는 화류계에서 쓰이던 단어로, 손님이 오지 않아 시간이 남아도는 것을 お茶をひく 또는 お茶を挽く라고 표현했다고 합니다. 회사에서도 일이 없어 손이 남아 도는 상태를 이렇게 비유하기도 합니다.

□ **大企業** | 대기업

"わが社は大企業だから(우리 회사는 대기업이라)"라는 말을 자주 듣는데, 사실 大企業의 기준이 따로 있는 건 아닙니다. 일본의 법률에는 중소기업의 정의만 정해져 있는데, 예를 들어 서비스 분야에서는 자본금이 5,000만 엔 이하이거나 종업원 수가 100명 이하인 경우에 중소기업으로 간주됩니다. 일반적으로 대기업은 중소기업이 아닌 경우를 가리킨다고 하니, 좀 이상한 얘기 같습니다.

□ **てっぺん** | 밤 12시, 자정

밤 12시를 말합니다. 시계 바늘이 모두 꼭대기에 있기 때문에 이렇게 표현합니다. "電車がなくなるから、てっぺんまでには終わらせようぜ(전철이 끊길 테니, 밤 12시까진 끝내자)"처럼 쓰입니다. 시계 바늘이 똑같은 위치에 있어도 낮 12시를 이렇게 부르지는 않는답니다.

□ **左遷** | 좌천
<small>さ せん</small>

업무 실패로 인해 다른 부서나 지방으로 이동 명령을 받는 것을 말합니다. 左(왼 좌)를 쓰는 것은 중국 전국시대에 왼쪽을 좋지 않은 방향이라고 여겼던 풍습 때문입니다. 참고로 반대말을 묻는 질문에 '右遷(우천)'이라고 대답한 사람이 있었는데, 정답은 '栄転(영전)'이랍니다.

□ **ディスる** | 험담하다

원래는 젊은이 사이에서만 쓰이던 속어였는데, 최근에는 회사에서도 두루두루 쓰이고 있습니다.

무례하거나 공손하지 않음을 뜻하는 'ディスリスペクト(disrespect)'를 일본어화해서 ディスる라는 동사로 만들었는데, 쉽게 말하면 '험담을 한다'는 뜻으로 사용됩니다. "アイツも結構、部長のことをディスってたよな(그 녀석도 부장님 험담을 꽤 했었지)"라는 식 말이죠.

□ **手ぶら** | 빈손

보통은 맨손, 빈손을 뜻하지만, 회사에서는 거래처에 갈 때 아무것도 없이 가는 것을 가리킵니다. 거래처에 방문해 인사만 하고 새로운 정보나 제안을 전혀 하지 않으면 "今日は手ぶらですか？ あいにく忙しくてね(오늘은 빈손이신가요? 공교롭게도 저희도 바빠서)"라고 비아냥을 듣는 경우도 있답니다.

□ 焼き直し │ 기획서 재활용

한 번 제안한 것을 부분적으로 손봐서 새로운 것처럼 보이도록 하는 것. 현장에서는 "時間がないから、2年前に出したものを焼き直して持っていこうよ(시간이 없으니 2년 전에 냈던 걸 다시 다듬어서 갖고 가자)"처럼 사용합니다. 상대방이 '焼き直し'라는 것을 눈치챘다면 "オレも焼きが回ったかな(저도 이제 늙었나 보네요)"라고 시치미를 뗄 수밖에 없겠죠?

□ 敵に塩を送る │ 적이 힘들 때 도와주다

적이 힘들 때 도와주는 것을 말합니다. 과거 일본 전국시대의 무장이었던 다케다 신겐이 경제 봉쇄를 당해 소금 부족으로 힘들어할 때 오랜 라이벌이었던 우에스기 겐신이 소금을 보내 도와줬다는 고사에서 유래한 말입니다. 기업 간 경쟁이 극심한 현대 비즈니스 업계에서는 좀처럼 볼 수 없는 광경 아닐까요?

□ ママイキ │ 이대로 OK

광고계나 출판계에서 문장을 교정할 때, 한 번 고치려다가 '아니, 그냥 이대로 OK'일 땐 ママイキ라고 빨간 글씨로 표시합니다.

드물게 신입 사원이 ママイキ라고 지시한 부분을 오해해 원래 문장을 삭제하고 ママイキ라고 수정하는 경우도 있습니다. 그렇게 고치면 문장이 이상해진다는 걸 알아차리지 못했을까요?

□ 腹をくくる │ 각오하다, 결심하다

'각오를 하다, 결심하다'라는 뜻입니다. 비슷한 표현으로 '腹を据える, 腹を決める, 腹を固める' 등도 있습니다.

"そろそろ腹をくくって、この会社に骨を埋めるか(이제 슬슬 각오를 다지고 이 회사에 뼈를 묻을까 봐)"와 같이 쓰이지만, くくる라고 할지, 据える라고 할지, 決める라고 할지, 固める라고 할지 망설이다가 결국 결심을 못하는 건 아닐까요?

□ つぶし │ 전직이 불가능함

한자로는 '潰し'라고 씁니다. 응용력이 없어 좀처럼 다른 직종으로 전직할 수 없는 상태를 'つぶしがきかない'라고 말한답니다.

"この業界にとっぷりじゃ、いまさらつぶしがきかないぜ。資格もないし(이 업계에만 계속 있어서 이제 와 다른 곳으로 못 가. 자격증도 없고)"처럼, 주로 혼잣말할 때 사용되는 단어입니다.

□ 夜討ち朝駆け │ 밤낮 없이 일함

예전엔 신문기자들이 어떻게든 특종을 잡기 위해 밤 늦게, 아침 일찍 형사의 집을 방문하는 것을 이렇게 말했습니다. 원래는 전쟁터에서 적의 허를 찌른다는 의미로 쓰였으나, 요즘 회사에서는 "営業だから、夜討ち朝駆けは当たり前だ(영업직이니 밤낮을 가리지 않는 것이 당연하다)"처럼, 주로 영업직의 소양을 일컬을 때에만 쓰이는 것 같습니다.

□ 千三つ屋 | 허풍쟁이

"千のうち三つしか本当のことを言わない(천 가지 진실 중 세 가지밖에 얘기하지 않는다)"라는 뜻입니다. 弘兼憲史(히로카네 겐시)의 만화 『시마 과장』 속에서, 주인공도 "あなたも千三つ屋さんね(당신도 참 허풍이 심하네)"라는 말을 듣죠.

또한 부동산 매매를 업으로 하는 사람들도 종종 이렇게 불리는데, 그 까닭은 "千に三つくらいしか話がまとまらない(천 가지 중에 쓸 만한 얘기가 세 개밖에 없다)"라고 합니다.

□ キックオフ | 첫 번째 회의

J리그가 창설된 후, 회사에서도 축구 용어가 자주 쓰이게 되었습니다. 프로젝트를 시작하는 첫 번째 회의를 'キックオフミーティング'라고 합니다. 참고로 경합하던 라이벌 회사의 실수로 우리 쪽으로 일이 돌아오는 일은 'オウンゴール(자살골, 자책골)'이라고 하고, 앞서 소개한 '出禁'은 'レッドカード(레드 카드)'라고도 한답니다.

□ 鶴の一声 | 상사로 인한 변경

A안으로 진행하기로 거의 결정되었는데, 높은 사람이 급작스레 B안으로 결정을 뒤집는 것을 가리킵니다. 학이 우는 소리는 높고 멀리까지 울리기 때문에, 권력자의 위압적인 한마디를 이렇게 표현한답니다. '회의에서는 목소리가 큰 사람이 이긴다.' 이것이 철칙입니다.

□ **海千山千** | 산전수전

여러 가지 경험을 쌓아 뭐든지 다 알고 있는 사람이나 상태를 가리킵니다. 하지만 칭찬하는 말이 아니라 경험이 풍부해서 '교활하다, 능글맞다'는 의미가 함께 들어 있습니다. 따라서 거래처 사장님한테 "さすがは社長、海千山千ですね(역시 사장님은 산전수전이네요)"라고 말한다면 "おれは越後屋じゃねえ(난 돈만 밝히는 사람이 아냐)"라고 쓴소리를 들을지도 모릅니다.

※**越後屋**는 돈을 벌기 위해 수단과 방법을 가리지 않는 부자를 가리키는 표현입니다. -역자 주

※**お代官様**는 악랄하게 세금을 징수했던 과거의 관리입니다. -역자 주

□ **雀の涙** | (참새의 눈물처럼) 적은 액수의 돈, 새 발의 피

보통 보너스나 퇴직금 금액이 적을 때 쓰는 말입니다.

"ボーナスなんて雀の涙だよ。ローンも払えない(보너스 금액이 새 발의 피야, 대출금도 못 갚을 정도라고)"라고 불평을 하면, "まだいいな。オレなんか蚊の涙だぜ、蚊の涙(나보다 낫네. 난 모기 발의 피야, 모기 발의 피)"라는 대답이 되돌아올 것입니다. 아무래도 '蚊の涙'가 더 적은 금액인 것 같죠?

□ **紅一点** | 홍일점

"○○さんは、このチームの紅一点だ(○○씨는 이 팀의 홍일점이다)"라는 식으로,
남성 직원만 있는 회사에서 일하는 유일한 여성을 가리킵니다. 원래는 중국의 왕안석
(王安石)의 한시에서 초록이 가득한 가운데 빨간 석류 꽃이 피어 있는 것을 보고 '紅
一点'이라고 표현한 것에서 유래했다고 합니다.

□ **セクハラ** | 성희롱

직장에는 다양한 'ハラスメント(harassment, 괴롭힘)'이 존재합니다.
성적인 괴롭힘은 セクハラ, 상사가 지위를 이용해서 괴롭히는 것은 パワハラ, 특정
상대를 무시하거나 뒤에서 몰래 험담을 하는 것은 モラハラ라고 합니다. 뒤에 'ハラ'
를 붙이면 뭐든지 괴롭힘이 되어 버리는 세상이네요.

□ **企業秘密** | 기업비밀, 기밀

제조법이나 특수 기술 등 이익을 지키기 위해서 타사에 알리고 싶지 않은 비밀이라는
뜻입니다. "ここから先は企業秘密なので、お話しできません(여기서부터는 기
밀이라서 말씀드릴 수 없습니다)"처럼 사용합니다.
길거리 닭 꼬치 가게에서도 "このタレは企業機密なんでね(이 소스는 기밀이라서
말이에요)"라는 식으로 사용하는 걸 보면, 최근에는 남들에게 보여주고 싶지 않은 장
면을 이렇게 부르는 경우가 많은 것 같습니다.

□ ムチャぶり │ 무리한 업무 지시

상사가 갑자기 상당량의 일을 "明日までに頼むよ(내일까지 부탁해)"라고 말하며 던져 주는 것을 말합니다.

"無理です(무리입니다)"라고 거절을 못하면, 최악의 경우 "わかりました(알겠습니다)"라며 어쩔 수 없이 승낙을 할 수밖에 없습니다 상사도 무리라는 것을 알면서 일을 맡기는 것이기 때문에, 이럴 때는 두려워 말고 조건을 제시하는 것이 능력 있는 사원입니다. "秘書課のA子さんに手伝ってもらえれば何とかなるかもしれません(비서과 A코 씨가 도와준다면 어떻게든 할 수 있을 것 같습니다)"라고요.

□ パシリ │ 잔심부름꾼

말하는 대로 심부름을 해 주는 잔심부름꾼을 가리킵니다. '使いっ走り'의 준말인데, "アイツはいつまで、○○さんのパシリをやってるんだ(그 녀석은 언제까지 ○○씨 잔심부름꾼 노릇을 하려고 그래)"라고 말할 때 쓰입니다.

□ 押す │ 지연되다

방송계에서는 진행이 늦어지는 것을 말합니다.

"いま、30分ほど、押しています(지금, 30분 정도 늦어지고 있습니다)"와 같이 쓰입니다. 진행이 늦어져서 뒤에 예정된 프로그램을 압박하므로 押す라는 말을 쓰게 되었을까요? 방송 업계에서는 예정보다 빨리 진행되는 일은 거의 없기 때문에 押す의 반대말은 들은 적이 없습니다.

□ 前泊^{ぜんぱく} │ 하루 일찍 출장지로 출발해 숙박하는 것

출장지에서 아침 일찍 회의가 있을 경우, 당일 출발하면 제시간에 도착하기 힘들기 때문에 전날 먼저 가서 근처의 호텔에 묵는 것을 말합니다. 과거에는 샐러리맨의 즐거움 중 하나였지만 신칸센이 발달하면서 '前泊不可^{ぜんぱくふか}' 지침이 생긴 회사도 많아졌다고 하네요.

참고로 일이 생각보다 길어져서 현지에서 묵는 '後泊'는 'こうはく'가 아니라 'あとはく'라고 읽습니다.

□ おいしい │ 좋은 조건, 좋은 대우

회사에서 おいしい라고 하면 맛에 대한 평가가 아니라 '좋은 조건, 좋은 대우'라는 뜻으로 쓰입니다. 1980년대에 세이부 백화점이 'おいしい生活^{せいかつ}(좋은 생활)'라는 광고 카피를 사용한 뒤로 おいしい라는 단어의 뜻이 사회적으로 폭넓게 바뀐 것 같습니다.

□ あごあし │ 식비와 교통비

あご는 식사비, あし는 교통비를 말합니다. "先方^{せんぽう}があごあし持^もってくれてね"라고 말하면 '거래처에서 식사비와 교통비를 부담해 주었다'는 뜻입니다.

참고로 'あごあしまくら'라는 단어도 있는데, 이때 まくら는 숙박비를 가리킵니다. 가끔 まくら의 의미를 이상하게 오해하는 사람도 있다고 하네요.

☐ お蔵入り | 전면 취소

"あの企画、返事がないと思っていたら結局お蔵入りになっちゃったよ(그 기획은 대답이 없더니만 결국 없던 일이 되어 버렸어)"처럼, '없던 일이 되어 버리는 것'을 말합니다. 원래는 필요 없는 것을 お蔵(창고)에 넣어 버리는 데서 나온 말이라고 합니다. 또 다른 설로는 에도 시대에 예정보다 빨리 '千秋楽(여흥의 마지막 날)'가 되는 것을 'ラクになる'라고 했는데, 이 말을 'クラになる'라고 바꿔 말하다가 'おクラいり'라는 표현이 되었다는 주장도 있습니다.

☐ あうん | 호흡

"本社と工場が、あうんの呼吸で進めないと間に合わないよ(본사와 공장이 호흡을 맞추지 않으면 제시간에 맞출 수가 없을 거야)"처럼 쓰입니다. あうん은 '들숨과 날숨'이라는 의미로, 상대방과 함께 일을 추진할 때 맞추는 호흡을 말합니다. あうん은 한자로 '阿吽(아훔)'이라고 씁니다. 절이나 신사에 있는 狛犬 동상은 한쪽이 '阿(아)', 나머지 한쪽이 '吽(훔)'을 나타낸답니다.

☐ 手離れ | 손에서 떠남

글자 그대로 일을 할 때 자신의 손에서 일이 떠났다는 것을 의미합니다. 주로 "手離れが悪い(일이 마무리가 안 되네)"라고 한탄할 때 사용하는 경우가 많습니다. 겨우겨우 끝난 것 같았는데 "修正が入ったから直してほしい(수정 사항이 들어왔으니 다시 고쳐라)", "企画を見直すから少し待ってほしい(기획을 다시 검토할 테니 조금만 기다려 달라)"라는 말이 나오고, 결국 "そもそもの考えかたをやり直してほしい(근본적인 생각부터 다시 바꿨으면 한다)"며 전혀 手離れ되지 않는 경우도 있답니다.

□　シカト ｜ 무시

"あの部長(ぶちょう)には何(なに)を言(い)われてもシカトすることだね(저 부장님한테는 무슨 말을 들어도 모른 척해야 돼)"와 같이 쓰입니다.

シカト는 '무시한다'는 은어지만, 단어의 유래를 아시나요?

이것은 화투에서 10월을 나타내는 사슴 그림 '鹿(シカ)の十(トオ)'에서 온 단어입니다. 이 그림을 보면 사슴이 '흥!' 하고 무시하듯 고개를 돌리고 옆을 보고 있답니다.

□　八(や)つ当(あ)たり ｜ 화풀이

"社長(しゃちょう)に叱(しか)られたからって、人(ひと)に八(や)つ当(あ)たりするなよ(사장님한테 혼났다고 다른 사람한테 화풀이하지 마)"라는 식으로 쓰입니다.

'八(や)つ'에는 딱히 특별한 의미는 없고, 단지 숫자 8이라 '많다'는 뜻으로 쓰입니다. 이 경우에는 누구든지 자신과 눈이 맞은 사람한테 화풀이를 한다는 뜻이죠.

□　五十日(ごとおび) ｜ 매월 5 또는 0으로 끝나는 날

매월 5일, 10일, 15일, 20일처럼 5 또는 0으로 끝나는 날을 뜻합니다.

일본에서는 예전부터 이날에 결제 및 수금을 하는 습관이 있어, 五十日(ごとおび)에는 길이 막히곤 합니다. 연말에, 五十日(ごとおび)에, 또 금요일까지 겹치면 은행 창구는 물론이고 도로까지 정말로 혼잡해진답니다.

다음 주 떠나게 될 출장지의 도시명은
어떻게 읽을까요?

회사원에게 출장은 빼놓을 수 없는 것. 그런데 출발하기 전에 출장 가는 도시의 이름 정도는 확인해야겠죠? 일본 전국에는 어떻게 읽어야 할지 모르는 어려운 지명이 엄청 나게 많답니다. 여기서는 웬만해서는 읽기 힘든 도시명 10곳을 소개합니다. 여러분은 몇 개나 읽을 수 있나요?

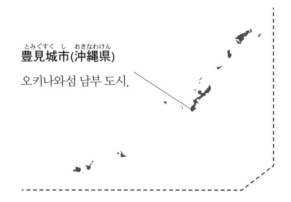

とみぐすく し　おきなわけん
豊見城市(沖縄県)

오키나와섬 남부 도시.

羽咋市(石川県)
はくいし いしかわけん

센리하마 해변 드라이브 웨이로 유명한 곳.

高梁市(岡山県)
たかはしし おかやまけん

작은 교토라고도 불리는 곳.

各務原市(岐阜県)
かかみがはらし ぎふけん

공업 도시로 유명한 곳.

行方市(茨城県)
なめがたし いばらきけん

霞ヶ浦의 동쪽에 있는 도시.
かすみがうら

八街市(千葉県)
やちまたし ちばけん

땅콩의 산지.

常滑市(愛知県)
とこなめし あいちけん

주부국제공항이 있는 곳.

橿原市(奈良県)
かしはらし ならけん

神武天皇의 탄생지.
じんむてんのう

指宿市(鹿児島県)
いぶすきし かごしまけん

온천으로 유명한 관광지.

篠山市(兵庫県)
ささやまし ひょうごけん

丹波篠山라는 지명이 더 익숙한 곳.
たんばささやま

제7장

사장님이 좋아하는
회사용 사자성어

신입사원 환영회 때 사장님의 훈시에 반드시 등장하는 사자성어.
한자로만 이루어진 단어라 읽기도 어렵고, 의미를 유추하기도 힘들죠.
사장님의 의중을 파악하기 위해서라도
회사에서 자주 쓰이는 14개 사자성어 정도는 기억해 둡시다.

上意下達　상의하달

한검5급 한자

上意(상의)는 지위가 높은 사람의 의중, 下達(하달)는 지위가 낮은 사람에게 전달한다는 뜻으로, 회사에서는 **상사의 생각이나 명령을 부하에게 전달하고 그것을 실천하게 한다**는 의미로 사용됩니다.

"ウチの部はどうも私の考えが部員によく理解されていないようだ(우리 부서 사람들은 아무래도 내 생각을 잘 이해 못하는 것 같아)"라며 한탄하는 상사를 가끔 만납니다. 일반적으로는 회사의 조직이 커질수록 사내 커뮤니케이션은 둔화되고, 이런 식으로 '위에서 아래로' 향하는 기업 문화에 적응하지 못하는 사원도 많아지기 마련입니다. 앞으로는 上意下達가 아니라 부하의 생각을 얼마나 상사가 받아들이는지를 보여주는 '下意上達(영어로는 '보ボトムアップ(bottom-up)'가 회사 성장의 열쇠가 될지도 모릅니다.

不言実行

ふ　げん　じっ　こう

불언실행

不言実行는 **이런저런 변명을 하지 않고 말없이 실제로 행동하는 것**입니다.

ふ げんじっこう

공자의 『논어』에도 나오듯이, 과거의 현자들은 입이 무거워도 행동은 빨라야 한다

는 가르침을 받았다고 합니다. 不言実行는 사회에서 능력 있는 사람의 대명사처

ふ げんじっこう

럼 쓰이는데, 사내 커뮤니케이션의 기본이라 불리는 'ホウレンソウ(p.161 참조)'의

입장에서 보자면 '보고, 연락, 상담' 없이 행동하는 건 좋지 않답니다.

그래서 만들어진 신조어가 '有言実行'입니다. 不言実行와 有言実行 가운데 요

ゆうげんじっこう　　　　　ふ げんじっこう　　ゆうげんじっこう

즘 상사에게 더 높이 평가를 받는 사람은 과연 어느 쪽일까요?

以心伝心　이심전심

<small>い しん でん しん</small>

한검5급 한자

"心を以って心に伝う(마음으로 마음에 전하다)"라고 풀어 쓰기도 하는데, 말이나 글자를 사용하지 않고 '마음에서 마음으로 깨닫거나 진리를 전하는 것'입니다. 원래는 불교 용어였으나, 지금은 일반적으로 **말로 표현하지 않아도 서로의 생각이 통한다는 뜻**으로 쓰입니다.

회사에서 일을 하다가 마음이 통하는 상대를 두고 "A社の○○さんとは長い付き合いで以心伝心の仲だ。何も言わなくてもわかってくれるよ(A사의 ○○씨하고는 교류한 지 오래돼서 이심전심인 사이야. 아무 말 안 해도 알아준다니까)"라는 식으로 씁니다. 요즘 유행하는 말로 하자면 'お互いに忖度しあう関係(서로 마음을 헤아려 주는 관계)'인 셈입니다.

사실 요즘 젊은 사원에겐 以心伝心이나 忖度란 말이 너무 고리타분하죠. 문자나 메신저로 용건을 주고받는 세대에겐 '以心電信' 시대가 더 와닿겠네요.

大器晚成 たい き ばん せい　대기만성

이 말을 좌우명으로 삼는 사람이 의외로 많이 있습니다. 큰 그릇은 완성될 때까지 긴 시간이 걸린다는 뜻으로, **큰 인물이 될 사람은 뒤늦게 두각을 나타낸다는 뜻**입니다.

회사에서는 재능이 있으면서 좀처럼 결과를 내지 못하는 사람에게 "まだまだこれからだよ。大器晚成って言うじゃないか(괜찮아, 지금부터야. 대기만성이라는 말도 있잖아)"라며 어깨를 다독이며 격려할 때 쓰는 표현으로는 괜찮지만, 술자리에서 상사한테 썼다가는 큰일 나므로 반드시 주의하시기 바랍니다.

温故知新

おん こ ち しん

온고지신

한검5급 한자

경영자들이 좋아하는 사자성어라고 하면 일단 이것부터 떠오릅니다.
温故知新은 **예전에 배운 것이나 오래된 가르침을 되새겨 새로운 지식과 도리를 이끌어 낸다는 뜻**입니다.

『논어』의 '옛 것을 익히고 새로운 것을 알면 스승이 될 수 있다(温故而知新, 可以 爲師矣)'는 구절에서 따온 말입니다. 温을 '익히다'가 아니라 '따뜻하게 하다'라고 해석하는 사람도 있는데, 이 경우에는 차가워진 것을 따뜻하게 하듯이 배운 것을 복습한다는 의미가 됩니다. 회사에서 이 말을 좋아하는 사람이 많은 것은 무조건 새로운 것만을 추구하고 과거의 교훈을 배우려 하지 않는 경영자가 많기 때문이 아닐까요?

朝令暮改 <ruby>ちょう<rt></rt></ruby> 조령모개

（ちょう れい ぼ かい）

한검5급 한자

몇 년 전까지만 해도 안 좋은 상사에 대한 험담으로 사용하던 말이었습니다.

朝令暮改는 **아침에 내린 명령을 저녁에 고친다는 뜻**으로, 지시가 일정하지 않을

때 사용합니다. "ウチの部長は朝令暮改もいいところだ。A方向で進めろと

言ったのに、さっき、B方向に変更しろって言うんだぜ(우리 부장님 조령모

개가 장난 아니야. A방향으로 진행하라고 지시해 놓고 B방향으로 변경하라고 하

더라니까)"라는 식으로 쓰입니다.

하지만 요즘 시대에는 朝令暮改가 나쁘다고만 할 수 없고, 비즈니스 지표라고 불

리는 PDCA(p.91 참조)를 신속하게 돌리기 위해서는 재빠른 수정도 필요한 법입니

다. 일본의 어떤 화장품 회사의 모토는 아침에 했던 지시의 틀린 부분을 눈치채면

즉각 고치는 '朝礼朝改'랍니다. 정말 대단합니다.

酒池肉林 _{しゅ ち にく りん}　주지육림

한검5급 한자

이 말은 연회나 접대에 관한 사자성어로 자주 인용되는데, 酒池肉林의 원래 뜻을 잘못 알고 있는 사람도 많은 것 같습니다.

酒池는 술로 가득 채운 연못, 肉林은 고기로 만든 숲이란 뜻으로, **호사스러운 술잔치**를 의미합니다. 옛날 중국 은나라의 주왕이 사치스러운 생활 끝에 연못을 술로 채우고 나무마다 고기를 걸어 놓고 술잔치를 즐겼다는 고사에서 비롯한 말입니다.

肉林을 여성의 몸으로 착각하는 사람도 많은데, 주왕의 고사 내용 중에는 벌거벗은 남녀에게 술래잡기 놀이를 시켰다는 문장도 있어서 아주 틀린 말은 아니라고 합니다.

先憂後楽 せん ゆう こう らく 선우후락

그러고 보니 이 사자성어가 대표님 사무실 벽에 걸려 있었던 것 같지 않나요? **천하의 근심을 먼저 하고, 천하의 낙은 뒤에 즐긴다는 의미입니다.**

원래는 중국 송나라의 범중엄(范仲淹)이 정치가의 마음가짐에 대해 논하며, 무엇보다도 나라를 먼저 걱정하고 자신의 즐거움을 뒤로 미루어야 한다고 주장했던 내용입니다. 이 先憂後楽라는 사자성어에서 일본 오카야마 시에 있는 정원 後楽園, 도쿄 분케이 구에 있는 小石川後楽園의 이름을 따왔다고 합니다. 유명 정원의 이름으로도 쓰이고 회사 사장님의 좌우명으로도 쓰이고 있다니, 지금도 여전히 살아 있는 불후의 사자성어로군요.

一期一会 _{いち ご いち え} 일기일회

한검2급 한자

신입사원 환영회 자리에서 대표님이 자주 사용하는 사자성어입니다.

많이 들어 봤지만, 솔직히 의미를 잘 몰랐진 않나요? 심지어 이 사자성어를 'いっきいっかい'라고 잘못 읽는 사람도 있다고 합니다.

一期는 불교 용어로 사람의 일생을 가리킵니다. 1년이라는 의미가 아닙니다. 一会는 한 번 만난다는 뜻이니, 그러니까 一期一会는 **일생에 단 한 번뿐인 만남**을 뜻합니다.

원래는 일본 전통 다도의 마음가짐을 나타내는 말로, 누구와 차를 마시더라도 일생에 단 한 번뿐인 만남이라 여기며 모든 손님을 성실하게 응대해야 한다는 가르침입니다.

신입사원 환영회에서 "当社に入社されたのもいわば一期一会の縁(우리 회사에 입사하신 것도 다 인생에 한 번 뿐인 인연입니다)"라고 사장님이 말하면, '이 회사를 소중히 여기고 평생 최선을 다하라'는 뜻으로 받아들이면 된답니다.

粉骨砕身 분골쇄신
<ruby>粉<rt>ふん</rt></ruby><ruby>骨<rt>こつ</rt></ruby><ruby>砕<rt>さい</rt></ruby><ruby>身<rt>しん</rt></ruby>

한검2급 한자

粉骨砕身은 **뼈가 가루가 되고 몸이 으스러질 만큼 온 힘을 다하는 모습**이라는

뜻으로, 요즘 젊은 사원들에게는 와닿지 않는 가치관일지도 모릅니다.

같은 의미의 사자성어로 砕身粉骨(쇄신분골), 粉身砕骨(분신쇄골)도 있는데, 모

두 다 몸이 으스러질 만큼 일하라는 뜻입니다.

참고로 말로 할 때는 "粉骨砕身がんばります"라고 하지 않고, "身を粉にして

がんばります(몸이 가루가 될 때까지 열심히 하겠습니다)"라고 하니 주의하세요.

이때 'みをこなにして'라고 하지 않고, 'みをこにして'라고 읽으니, 거듭 주의해야

합니다.

背水之陣　배수진

はい　すい　の　じん

한검준1급 한자

회사의 중요한 국면에 가끔 듣게 되는 말입니다. "これが当たらなければ会社
の存続が危うくなる、まさに背水之陣だ(이게 잘 안 되면 회사 존속 자체가

어려워져, 그야말로 배수진이지)"라는 식으로 쓰이는데, '물을 등지고 진을 친다'는

뜻으로, **물러설 곳 없이 목숨을 걸고 싸움에 임하는 각오**를 말합니다.

背水(배수)는 강이나 바다를 등진다는 뜻으로, 과거 중국 한나라의 한신이 조나

라와 싸울 때 병사들이 지쳐 있자 일부러 강을 등지고 진을 쳤다고 합니다. 결국

병사들은 더 이상 물러설 곳이 없어 필사적으로 싸워 승리를 거두었다는 고사에

서 유래한 말입니다.

비슷한 말로 不退転(불퇴전)이라는 말이 있는데, 어떤 일에도 굴복하지 않고 마

음을 꺾지 않는다는 뜻이기 때문에 미묘하게 다른 표현입니다.

けん ど ちょうらい

捲土重来　권토중래

한검준1급 한자

捲土(권토)는 흙먼지를 일으키는 것이고, 重来(중래)는 다시 온다는 뜻입니다.

重来는 'ちょうらい'라고도 읽고, 'じゅうらい'라고도 읽습니다.

한 번 싸움에 패하였다가 **다시 힘을 길러 반격을 위해 쳐들어오는 일**을 일컫는 사자성어인데, 중국에서는 액션 영화의 포스터 등에서도 자주 볼 수 있습니다. 전작에서 패배했던 주인공이 "7月1日、捲土重来(7월 1일, 권토중래)!"라는 문구와 함께 스크린에 비춰집니다.

회사에서는 연말 송년회 등에서 "来期こそは捲土重来を期して、目標達成に全力をあげよう(다음 분기만큼은 권토중래해서 목표 달성을 위해 전력을 다하자)"라고 사원들을 고무시킬 경우에 자주 사용합니다.

189

李下瓜田　과전이하

りかかでん

일본의 어떤 총리가 국회에서 이 말을 쓰는 바람에 한바탕 사과했던 일을 알고 계시나요?

李下瓜田은 **다른 사람에게 의심을 당할 만한 일은 하지 말라는 뜻**으로, **李下**는 자두나무 아래에서 갓을 고쳐 쓰면 자두를 훔치는 것이 아니냐는 오해를 사고, **瓜田**은 참외밭에서 신을 고쳐 신으면 참외를 훔치는 것이 아니냐는 오해를 사게 된다는 뜻입니다. 다시 말해 의심을 받아도 어쩔 수 없는 행위는 아예 하지 말라는 가르침이죠.

현대의 회사에서도 통용되는 부분이 있는데요, 예를 들면 회사와 갈등을 빚고 있는 거래처와의 술자리는 신중하게 삼가라는 뜻이 아닐까 싶네요.

臥薪嘗胆   와신상담

がしんしょうたん

마지막으로 조직 안에서 힘들게 버티고 있는 모든 회사원들에게 응원의 메시지를 전할까 합니다.

중국 춘추시대, 오나라의 왕 부차(夫差)는 아버지의 원수인 월나라의 왕 구천(勾踐)에게 복수하고자 하는 마음을 잊지 않기 위해 가시가 많은 거친 나무 위에서 잠을 자면서 때를 기다린 끝에 결국 구천을 쓰러뜨렸다고 합니다.

그러자 전쟁에서 진 구천은 그 수치를 잊지 않으려 쓴맛이 나는 동물의 간을 핥으며 때를 기다려 20여 년 뒤에 부차를 멸망시켰습니다.

이 고사에서 臥薪嘗胆이라는 말이 **목적을 달성하기 위해서 기회를 기다리며 힘든 일을 견디는 것을** 뜻하게 되었답니다. 현대 사회에서는 요령 좋은 녀석이 먼저 빛을 보는 것 같더라도, 보이지 않는 곳에서 고생하는 사람들도 언젠가는 반드시 보상을 받을 거라 믿습니다.

내일은 무슨 날?
달력에 쓰여 있는 수수께끼의 단어

회사에 걸려 있는 달력이나 업무용 수첩에 뜻을 모르는 단어가 쓰여 있지는 않나요?
자, 오랜 세월 품고 있던 의문을 해결해 보자고요.

◎ 赤口가 뭐죠?
六曜(일본의 음양도나 민간력(民間歷)에서 길흉의 기준이 되는 여섯 날) 가운데 하
나로 'しゃっく' 또는 'しゃっこう'라고 읽습니다.
仏滅보다 더 흉한 날로, 정오만 길하다는 건 알고 계셨나요?

◎ さんりんぼう가 뭐예요?
한자로 三隣亡라고 씁니다. 예전부터 이 날에 건물을 지으면, 불이 나서 이웃을 셋이
나 망친다 하여 건축과 관련된 일을 꺼리는 날을 말합니다.

◎ 先勝는 승부와 관련이 있는 날인가요?
이것도 六曜 중 하나입니다. '先んずれば即ち勝つ(먼저 하는 게 여러모로 좋다)'
라는 의미로, 오전 중에 일을 끝내는 것이 좋다고 여겨지는 날입니다.

◎ 6월의 芒種에는 무엇을 하나요?

24절기 중 하나로 6월 6일 경입니다. 芒(까끄라기 망)는 보리 까끄라기를 말합니다. 이 시기에 벼나 보리 씨를 뿌린다는 의미입니다.

◎ 12월의 별칭인 師走는 누가 달린다는 뜻인가요?

師走의 어원에는 여러 가지 설이 있습니다. 마찬가지로 '師'의 의미 역시 학교의 선생이기도 하고 절의 스님이기도 하고…… 여러 가지 설이 있습니다.

◎ 土用는 겨울에도 있나요?

입춘, 입하, 입추, 입동 전의 18일 동안을 '土用'라고 부릅니다. 즉 사계절에 맞춰 1년에 4번 돌아오죠.

곧이곧대로 받아들이면 안 되는 회사 언어의 속뜻

사회인은 진심을 말하지 않을 때가 많습니다.
일부러 말하지 않는 것이 아니라
차마 입 밖으로 꺼내지 못하는 것입니다.
상사 또는 거래처가 건네는 말의 이면에 숨어 있는
본심을 살펴볼까요?

君<ruby>以外<rt>きみ　い　がい</rt></ruby>に<ruby>適任<rt>てき にん</rt></ruby>はいない。

きみ い がい　　てき にん

자네 말고는 적임자가 없네.

상사의 속마음 » 만약을 대비해 다른 후보자도 마련해 두었네만……

일본의 유명 TV 드라마 〈한자와 나오키〉 시리즈에서 은행원인 주인공은 상사한테 자주 이런 말을 듣습니다. 드라마에서는 채권을 회수해야 하는 어려운 일을 맡기지만, 정작 자신의 상사가 "자네밖에 없네"라는 말을 건네도 너무 의기양양해하지 마시기 바랍니다. 부하에게 무리한 일을 시킬 때, 상사가 곧잘 쓰는 상투적 표현이기 때문입니다. 실제로 어쩔 수 없는 이유로 그 일을 거절한다 하더라도 "何とか再考してくれ(그러지 말고 다시 한 번 생각해 주면 안 되겠나)"라고 부탁하는 경우는 거의 없답니다. 상사는 보통 두 번째, 세 번째 후보자도 준비해 두기 마련이니까요.

상사가 "자네밖에 없네"는 말을 하더라도, 사실 그다지 절실하지 않은 경우가 많습니다.

基本、まかせる。
_き _{ほん}

기본적으로 다 맡기겠네.

상사의 속마음 » 나중에 상세히 지시할 테니 기다리게.

본격적으로 프로젝트에 들어갔을 무렵, 상사한테 이 말을 듣고 '와! 나한테 다 맡긴다고 했어!'라며 절대 우쭐하지 마세요. 회사에서 사용되는 '基本'이라는 말에는 '지금은 일단'이라는 뉘앙스가 들어 있어, 상사가 마침 다른 일로 바빠서 지금 당장은 이 사안을 들여다볼 여력이 없다는 의미로 사용되곤 하니까요. 그런 뒤, 나중에 언제 그랬냐는 듯이 아주 상세하고 구체적으로 지시를 내리는 것이 일반적입니다.

'나한테 맡긴다고 할 땐 언제고……!'라고 화를 내더라도 통하지 않습니다. 정말로 모든 것을 다 맡긴다는 말을 듣기엔 아직 멀었으니까요.

無理しなくてもいいから。

너무 무리하지 말게나.

상사의 속마음 » 이상하면 다시 고치게 할 테니까.

얼핏 융통성이 있는 듯 보이지만, 상당히 어려운 일을 맡길 때 상사들이 자주 사용하는 말입니다. 때로는 "出来る範囲でかまわないから(가능한 범위에서 상관없으니)"라는 말과 세트로 사용됩니다.

식사도 대충하고, 밤 늦게까지 일한 뒤 겨우 기안을 완성해 다음 날 상사에게 제출했는데, 상사의 얼굴은 점점 어두워지곤 하죠. '無理しなくていい'는 '시간은 없지만 내가 OK할 만한 걸 만들어 와'라는 의미입니다. 친절한 얼굴 뒤에 숨어 있는 속내을 읽어 내는 일도 사회인에게는 필요하기 마련입니다.

着眼点は良かった。

<ruby>着<rt>ちゃく</rt></ruby><ruby>眼<rt>がん</rt></ruby><ruby>点<rt>てん</rt></ruby>は<ruby>良<rt>よ</rt></ruby>かった。

접근법은 좋았는데 말이야.

상사의 속마음 » 어쩌다 이렇게 되었나!

상사 입장에선 재미있어 보이는 기획임을 인정하고 계속 진행해 보라고 지시했는데, 다음 단계에 가져온 결과물을 보니 생각과는 전혀 달랐던 거겠죠.

하지만 자신의 초기 판단의 과오를 인정할 수는 없으니, '접근법은 좋았는데 말이야'라고 싱숭생숭한 표정을 지을 수밖에요.

이것은 자신이 보고 있을 땐 괜찮지만, 관리 범위를 벗어나면 아직 멀었다고 말하고 싶을 때 쓰는 말입니다. 자신의 능력에 자신이 없는 상사일수록 처음 회의에만 참석하고, 점차 소극적으로 변하는 경우가 있으니 주의하세요.

悪^{わる}いようにはしない。

나쁘게는 안 하겠네.

상사의 속마음 » 날 도와준다고 생각하게.

상사가 궁지에 몰렸을 때 자주 하는 말입니다. 예를 들어 제품을 도저히 납품일까지 못 맞출 거라는 사실을 알게 되었을 때, "ここは君^{きみ}の責任^{せきにん}ということにしてくれないか。悪^{わる}いようにはしないから(이건 자네의 책임으로 돌려 주지 않겠나? 나쁘게는 안 할 테니까)"라고 말합니다. 대체로 그 후에는 좋게도 나쁘게도 되지 않는 경우가 많습니다.

만약 당신이 여성일 경우는 조금 의미가 달라집니다.

여성에 대해서 상사가 이렇게 말하면 이것은 パワハラ(power harassment, パワーハラスメント의 준말. 사회적으로 지위가 높은 위치에 있는 사람이 자신의 직위를 이용해 부하 직원을 괴롭히는 행위)가 될 가능성이 높으니 조심하세요.

社長も褒めてたぞ。
<ruby>社<rt>しゃ</rt>長<rt>ちょう</rt></ruby>も<ruby>褒<rt>ほ</rt></ruby>めてたぞ。

사장님도 칭찬하셨네.

큰 프로젝트를 성공시켜, 회사의 매출이 크게 올라 상사가 "사장님도 칭찬하셨네" 라고 말합니다. 사장은 담당한 부서 전체, 팀 전체를 좋게 평가하고 젊은 당신의 노력을 칭찬한 것이지만, 이 말이 상사를 통해 당신에게 전달되었다면 상사는 '어쩌면 이 녀석, 본인 혼자 칭찬받았다고 착각하는 건 아닐까'라는 불안을 품고 있을 것입니다.

"사장님도 칭찬하셨네"라는 말을 들으면, 일단 마음에는 없더라도 "部長のおかげです(부장님 덕분입니다)"라고 상사에게 공을 돌려야 한답니다.

今日は無礼講だ。

오늘은 허심탄회하게 뭐든 얘기해 보게.

상사의 속마음 » 내 험담을 해도 된다는 게 아니야.

송년회나 신년회에서 상사들이 곧잘 이 말을 합니다. 원래 無礼講란 직급과 상관 없이 술을 마시자는 뜻이지만, 큰 의미 없이 술자리에서 첫 인사말 정도로 자주 쓰이곤 합니다. 아무리 無礼講라도 상사한테 반말을 한다거나 평상시의 울분을 풀면 결국 상사가 크게 화를 내고 술자리는 아수라장으로 변해 이후의 사내 인간관계까지 나빠지는 경우가 정말로 많이 생깁니다.

상사와의 술자리에선 언제나 적당히 거리감을 유지하는 편이 좋습니다.

あとは、若い人だけで。

이제부터는 젊은 사람들끼리 놀게나.

상사의 속마음 » 솔직히 이 녀석들 피곤하다니까.

술자리가 끝난 뒤 상사가 자주 이런 말을 합니다. 가게를 나와 시계를 보면서 "じゃあ、あとは若い人だけで(자, 그럼 이제부터는 젊은 사람들끼리 놀게나)"라고요. 부하들도 상사가 교외에 있는 자택까지 가려면 전철로 1시간 반 정도 걸린다는 것을 알고 있으니, "では私たちだけでもう少し(그럼 저희들끼리 조금 더 놀겠습니다)"라고 인사하고 해산합니다. 그럼 상사는 바로 집으로 가는 게 아니라 혼자서 몰래 단골 바에 들릅니다. 그리고 가게 주인에게 피곤하다는 듯이 속마음을 털어놓죠. "요즘 젊은 녀석들하고는 얘기가 안 통하니 술을 마셔도 피곤하기만 해……." 상사한테는 너무 끈질기게 달라붙지 않는 게 좋답니다.

違和感がある。
いわかん

위화감이 좀 있네.

거래처의 속마음 » 전혀 와닿지 않아.

회의를 하다가 상대방이 팔짱을 끼면서 이렇게 말합니다.

"うーん、なんか違和感があるね(음, 뭔가 위화감이 있군요)" 이 위화감이라는
단어가 최근 일본에서 자주 쓰이는데, 평범하게 말하면 'ピンと来ない(와닿지 않
는다)' 더 나아가서는 'ちょっと不快な感じだ(좀 불쾌한 기분이 든다)'는 의미로
사용됩니다. 즉, 요즘 젊은이들 말로는 '僕的には(개인적으로는)', 'みたいな(같은
데)' 같은 표현이라고 생각하면 됩니다. 확실히 말하기가 곤란하니 애매하게 돌려
말하는 것뿐이죠.

거래처에서 '위화감이 있다'라고 말하면, 상대방을 상처 주지 않으려고 안 좋은 얘
기를 돌려서 말하는 상황이랍니다.

これで売れるの？

이래서 팔리겠어?

거래처의 속마음 » 안 팔리면 책임지게.

솔직히 이런 말을 들으면 곤란한 상황입니다. 좋은 제품이란 것은 알고 있습니다. 시장에서 우위를 차지할 것 같습니다. 하지만 지금은 어디까지나 매장의 디스플레이에 대한 미팅 중이거든요.

광고 전략이나 미디어 전략은 우리 일이 아닌데, 뭘 그렇게까지……. 그럼에도 불구하고 거래처는 다시 묻습니다. 정말로 이래서 팔리겠냐고요. 일단 대답은 해야 하니, "売れると思いますが(팔릴 거라 생각합니다)"라고 대답할 수밖에요.

거래처가 책임을 이쪽으로 돌리겠다는 식으로 "이래서 팔리겠어?"라고 몇 번이나 묻고 확인한 제품이 잘 팔렸던 적은 별로 없는 것 같지만요.

一応お預かりします。

<ruby>一<rt>いち</rt></ruby><ruby>応<rt>おう</rt></ruby>お<ruby>預<rt>あず</rt></ruby>かりします。

일단 받아 두겠습니다.

거래처의 속마음 » 마음에 드는 것이 단 한 개도 없지만요.

거래처에 기획안 또는 제안서에 대한 설명을 끝내고 결론을 듣고 싶을 때, 상대방이 종종 "일단 받아 두겠습니다"라고 대답을 하는 경우가 있습니다.

이 말을 곧이 곧대로 '이 자리에서는 바로 판단할 수 없으니, 일단 받아 두었다가 나중에 보겠다'라는 의미로 해석하지 않는 것이 현명합니다. 이것은 거래처의 담당자가 이 제안을 선택하지 않겠다고 직접 거절하기 곤란한 경우에 쓰는 표현이기 때문이죠.

機会があれば、またお願いします。

기회가 된다면 또 부탁드립니다.

거래처의 속마음 » 앞으로 부탁드릴 일은 없을 것 같군요.

일이 끝나면 거래처에서 "감사합니다"라고 인사를 건넵니다. 거래처 사람은 "다음에 기회가 있다면 또 부탁드리겠습니다"라고 웃으며 말합니다.

하지만 '기회가 된다면'이라는 가정형 표현이 참 신경이 쓰입니다. 사실 바로 다음 일을 맡기고 싶을 때는 이렇게 말하지 않는답니다. 연인들이 헤어질 때 '다시 태어나면'이라고 말하는 것과 같습니다. 이런 말을 하는 거래처에서는 다음 일을 주지 않는 경우가 많습니다. "기회가 된다면 또 부탁드립니다"라는 말을 들으면, 아쉽지만 "お世話になりました(그동안 신세 많이 졌습니다)"라고 인사합시다.

ここだけの話<ruby>話<rt>はなし</rt></ruby>なんだけど。

이건 우리 둘만의 비밀인데.

동료의 속마음 » 이미 다른 사람한테도 말했어.

회사에서 가장 듣고 싶은 말이 바로 이 말입니다.

동료가 전해 주는 회사 안 여러 가지 소문, 그중에 가장 인기 있는 이야기는 "부장님이 지사로 발령 났대" 같은 인사 발령에 관한 화제 또는 "차장님하고 총무부 ○○ 씨가 사귄대" 같은 사내 연애 이야기입니다. 이런 소재를 입이 가벼운 걸로 유명한 동료가 가만히 듣고 있을 리가 없습니다.

당신에게 'ここだけの話'라는 말을 한다면 훨씬 이전에 다른 사람에게도 얘기했다고 여기는 것이 좋습니다. 기본적으로 회사 안에서 'ここだけの話'는 존재하지 않으니까요.

お前<ruby>前<rt>まえ</rt></ruby>もがんばれよ。

너도 열심히 해.

동료의 속마음 » 난 먼저 위로 올라갈 거니까.

한 달에 한 번 모이는 입사 동기 모임에서 2차까지 놀고 난 다음 가게 밖으로 나오니 같은 대학 출신인 A가 어깨를 두드리며 이렇게 말합니다. "너도 열심히 해."

별로 친하지도 않은 동료가 이런 말을 건네면 왠지 건방져 보이지 않나요?

A는 내심 '난 인정받고 있으니, 너보다 먼저 위로 올라갈 거야'라고 말하고 싶은 것입니다.

당신은 무례한 언사에 기분이 나빠져, 보란 듯이 각오를 다지게 될 것입니다. 동기가 그렇게 말할 때는 "<ruby>君<rt>きみ</rt></ruby>も<ruby>言葉<rt>こと ば</rt></ruby>でつまづくなよ(너도 말은 좀 조심해야겠다)"라고 받아쳐 봅시다. 위로 올라가는 사람은 말을 무기로 삼을 줄 아는 사람이거든요.

이 책 을 마 치 며 》》

이 책을 마지막까지 읽어 주셔서 감사합니다.

저는 평범한 카피라이터일 뿐, 일본어 전문가는 아닙니다.
평소에 단어를 사용할 때도 헷갈릴 때가 종종 있습니다.
이 책을 읽은 분들께 일본어에 대한 지식을 조금이라도 제공했는지는 솔직히 자신 없습니다.
하지만 40년 넘게 회사 생활을 겪으며 '아, 그게 그런 뜻이었단 말인가!'라고 무릎을 탁 치는 내용이 하나라도 있었다면, 저에게 그보다 더한 기쁨은 없을 것 같습니다.

이 책을 쓰면서 오랜 세월 애용해 오던 국어사전을 새로 바꿨습니다.
부끄러운 말입니다만, 지금까지 써 오던 사전은 20년 전에 간행된 것이더라고요. 두 사전을 비교해 보니 예전 사전에는 없던 단어, 의미가 달라진 단어가 많이 있었습니다.
말은 시대와 함께 변합니다. 특히, 하루하루가 다른 회사 용어는 우리의 상상을 초월하는 속도로 변하고 있습니다.
여러분은 앞으로 업무 현장, 그리고 회사에서 쓰이는 말을 바르게 이해하고, 변해 가는 말의 힘을 무기로 삼아, 사회를 향해 한 발 한 발 자신감을 갖고 나아갔으면 합니다.

마지막으로 이 책의 기획에서 간행까지 큰 힘이 되어 주신 일본 크로스미디어 퍼블리싱의 다카사히 고스케 씨, 하리마야 나츠키 씨께 진심으로 감사 말씀을 드립니다.
두 사람과의 만남이 없었더라면 이 책은 탄생하지 않았을 것입니다.
감사합니다.

2017년 10월
야마모토 하루오(山本晴男)

용어색인 ≫

참고문헌 & 자료 》

「四字熟語辞典」東郷吉男（東京堂出版）

「四字熟語物語」田部井文雄（大修館書店）

「漢検四字熟語辞典」（日本漢字能力検定協会）

「故事ことわざ辞典」宮腰賢（旺文社）

「故事名言ことわざ総解説」（自由国民社）

「慣用句・ことわざ・四字熟語辞典」西谷裕子（東京堂出版）

「社会人用語ハンドブック」今井登茂子（サンマーク出版）

「メール文章力の基本」藤田英時（日本実業出版社）

「やさしく使える敬語の基本」西出博子（西東社）

「現代用語の基礎知識２０１７」（自由国民社）

「国語に関する世論調査」（文化庁）

「常用漢字表」（平成22年内閣告示）

취업 준비생 및 비즈니스맨을 위한

OK! 직장인 일본어

지은이 YAMAMOTO HARUO
역자 최지현
펴낸이 정규도
펴낸곳 (주)다락원

초판 1쇄 인쇄 2019년 11월 8일
초판 1쇄 발행 2019년 11월 20일

책임편집 홍희정, 송화록
디자인 하태호, 박태연, 이승현

ℍ다락원 경기도 파주시 문발로 211
내용문의: (02)736-2031 내선 460~466
구입문의: (02)736-2031 내선 250~252
Fax: (02)732-2037
출판등록 1977년 9월 16일 제 406-2008-000007호

값 12,000원

ISBN 978-89-277-1226-8 13730

http://www.darakwon.co.kr

• 다락원 홈페이지에 접속하면 상세한 출판 정보와 함께 동영상 강좌, MP3 자료 등
  다양한 어학 정보를 얻을 수 있습니다.